资本市场
服务脱贫攻坚案例研究

汪小亚　俞铁成　何　婧　杨志海 等◎著

CASE STUDY: HOW CAPITAL MARKETS
SUPPORT THE BATTLE AGAINST POVERTY

中国金融出版社

责任编辑：王雪珂
责任校对：孙　蕊
责任印制：程　颖

图书在版编目（CIP）数据

资本市场服务脱贫攻坚案例研究/汪小亚等著. —北京：中国
金融出版社，2020.12
ISBN 978 - 7 - 5220 - 0916 - 2

Ⅰ. ①资…　Ⅱ. ①汪…　Ⅲ. ①扶贫—案例—中国　Ⅳ. ①F126

中国版本图书馆 CIP 数据核字（2020）第 230763 号

资本市场服务脱贫攻坚案例研究
ZIBEN SHICHANG FUWU TUOPIN GONGJIAN ANLI YANJIU

出版
发行　**中国金融出版社**

社址　北京市丰台区益泽路 2 号
市场开发部　（010）66024766，63805472，63439533（传真）
网上书店　www. cfph. cn
　　　　　（010）66024766，63372837（传真）
读者服务部　（010）66070833，62568380
邮编　100071
经销　新华书店
印刷　保利达印务有限公司
尺寸　169 毫米×239 毫米
印张　14
字数　204 千
版次　2021 年 3 月第 1 版
印次　2021 年 3 月第 1 次印刷
定价　69.00 元
ISBN 978 - 7 - 5220 - 0916 - 2
如出现印装错误本社负责调换　联系电话（010）63263947

课　题　组

课题主持人：汪小亚

课题组成员：星　焱　俞铁成　何　婧　周铭山

　　　　　　　谭智心　唐　诗　杨志海

各章主笔：

第一章：周铭山　星　焱

第二章：唐　诗

第三章：星　焱　俞铁成　唐　诗

第四章：何　婧

第五章：谭智心　唐　诗

第六章：俞铁成　周铭山

统稿：

汪小亚　唐　诗（负责所有案例的修改）

致谢：

吴晓灵教授，清华大学五道口金融学院理事长，中国人民银行原副行长；

国开证券的领导及同仁，主要是国开证券孙孝坤监事长、陈勇总经理、廖邦政总经理、张磊总经理、张媛媛总经理、李友军总经理、周兴经理，国开行佘万伟副处长；

中信建投的领导及同仁，主要是汪浩董事、宋昌永总经理、庆小飞副总裁、修冬副总裁、刘晓畅高经、李卓凡高经、杨坤泽经理、何书琦经理；

郑州商品交易所的领导及同仁，主要是吕保军副总监和崔小年博士；

中银国际证券的领导及同仁，主要是宁敏总裁、高谦总经理、吴获总经理及其团队；

清华大学五道口金融学院的老师，主要是刘碧波老师、安艳老师；

还有，西南财经大学保险学院张栋浩副教授、金融学博士生鲁惠中；中国农业大学研究生苏伟、李依韩、褚子晔、裴汝存、王晓航、张津硕等，参与了这部分写作和案例研究。

致谢评审专家：

马险峰副院长（中证研究院）

任铁民司长（原国家扶贫办）

汪昌云教授（中国人民大学）

刘纪鹏院长（中国政法大学）

序　言

消除贫困，自古以来就是人类梦寐以求的理想。作为世界上最大的发展中国家，中国一直是世界减贫事业的积极倡导者和有力推动者。40 年间，中国共减少贫困人口 8.5 亿，对全球减贫贡献率超 70%，创造了世界减贫史上的"中国奇迹"。党的十八大以来，习近平总书记高度重视脱贫攻坚工作，在多次重要会议上强调脱贫攻坚的重大战略意义。脱贫攻坚目标任务已进入"攻坚拔寨"关键时期，目前贫困群众收入水平大幅度提高，贫困地区基本生产生活条件明显改善，贫困地区经济社会发展明显加快，贫困治理能力明显提升，中国减贫方案和减贫成就得到国际社会普遍认可。

我国的脱贫攻坚工作离不开金融工具的支持。金融扶贫不仅提供资金支持，还能吸引各类生产要素参与脱贫攻坚，为扶贫地区发展注入增长动力。然而，长期以来金融扶贫主要的关注点都放在间接融资工具上，对资本市场服务脱贫攻坚的认识不够。实际上，资本市场服务脱贫攻坚是金融扶贫的重要组成部分，也是推进扶贫开发的重要举措。作为市场化程度最高、最为活跃的金融市场，资本市场在资金、技术、人才等方面具有优势，能够有效填补贫困地区在这方面的空白，通过支持贫困地区特色产业发展带活地方经济，实现扶贫工作从"输血型"向"造血型"的转变。

近年来，中央和证监会、人民银行等部门先后颁布指导性文件，出台"绿色通道"和费用减免等政策，注重发挥资本市场在脱贫攻坚中的作用，鼓励资本市场利用多样化融资工具吸引资本向贫困地区聚集。在该背景下，证券、期货公司多种形式广泛参与资本市场服务脱贫攻坚，建立"一司一县""一司一结对"的帮扶机制，积极开展教育扶贫、消费扶贫、捐赠扶贫，运用股权市场、债券市场（包括资产证券化）、"保险＋期货"、产业扶贫基金等工具服务脱贫攻坚，探索资本市场扶贫的创新实践。

《资本市场服务脱贫攻坚案例研究》对资本市场服务脱贫攻坚的案例首次进行梳理、研究和评估。在实地调研和现场采访的基础上，从股权市场、债券市场（包括资产证券化）、农产品"保险＋期货"、产业扶贫基金4类证券期货类金融工具出发，选取35个案例进行深入研究。研究原则是以"三性"为原则，即专业性、真实性、可持续性。专业性，强调运用证券期货类金融工具开展金融扶贫。而教育扶贫、消费扶贫等不属于专业性研究范畴；真实性，强调真扶贫，对建档立卡的贫困户有帮扶作用，排除穿马甲式的扶贫；可持续性，强调对贫困户自我造血能力的培养和对贫困地区产业发展的影响，而不是一次性救助扶贫，更不是宣传性扶贫活动。

课题研究发现，贫困区企业挂牌或上市能够募集资金用于贫困区经济建设、带动就业和税收增长、提升企业素质；扶贫债券发行有利于支持基础设施建设和产业发展；"保险＋期货"模式能够有效促进农民增收、提升金融服务"三农"能力、促进农业规模经营；产业扶贫基金助推贫困地区产业升级。同时，课题研究也发现一些需要改进的问题，"绿色通道"政策的吸引力有所下降、证券基金机构在贫困地区展业的主观意愿不强、扶贫债券专业化设计和公益化属性难以有效保证、债券投资者积极性有待进一步挖掘，"保险＋期货"模式的保费成本较高、保险公司和期货公司的权责划分不清等。贫困地区面临教育卫生公共供给不足、合格的劳动力匮乏，生产环境恶劣、产业效率不高的问题。金融讲求效益的特性与扶贫的社会责任有一定的冲突，除了金融部门应努力降低成本、降低收益预期外，财政也应在风险分担和收益补偿方面出台政策，发挥财政资金的杠杆作用，引导社会资金投向扶贫事业。下一步，建议股权市场应进一步优化"绿色通道"政策、健全市场化的"造血"机制、聚焦提升贫困地区企业发展；债券市场要平衡好扶贫产品的专业化设计和公益化属性，若财政资金予以适当担保，将增强扶贫债券投资者的信心；"保险＋期货"模式要丰富保费来源、探索与政府农业保险的结合，探索公司加农户合作的新方式，发挥农产品期货风险管理的作用。

　　总之，资本市场服务脱贫攻坚对我国的扶贫事业发挥重要作用，希望政府、市场、社会能够继续协同推进扶贫工作，优化贫困地区政策环境、完善贫困地区公共服务环境，引导各类资本流入贫困地区优质产业项目，解决管理理念、技术水平等制约贫困地区产业发展的问题，为贫困地区持续发展注入强劲动力。希望金融从业人员秉承服务经济、造福人民的初心，沉下身子在扶贫路上创新前行！

2020 年 10 月 4 日

前　　言

多年来，在境外出差和旅游时，我经常在路边或景点脚下远远地看到一片片贫民窟，那密集而破烂的小屋，那生活艰难和治安差乱，让我真切感受到贫富两极分化带来的危害，让我清醒认识到单靠市场机制和公益救助是不能从根本上解决问题的。在中外比较中，我深深地感受到中国的减贫成就和当前脱贫的责任。改革开放以来，我国扶贫开发事业取得了举世瞩目的伟大成就，40年间，中国共减少贫困人口8.5亿，对全球减贫贡献率超70%，创造了世界减贫史上的"中国奇迹"。但当前仍有数百万人口处于贫困状态，扶贫开发工作已进入啃硬骨头、攻坚拔寨的冲刺期。在2020年之前打赢脱贫攻坚战，是我国全面建成小康社会、实现党中央"两个一百年"奋斗目标的关键环节和重中之重。

贫困和反贫困一直是全人类共同关注的重要问题，而唯有中国，把贫困人口脱贫作为执政党的责任和国家战略，成为全面建成小康社会的底线任务和标志性指标，举全国之力脱贫攻坚，发挥全社会力量共同参与，而精准扶贫的举措为全球贫困治理提供了中国方案。

一、课题研究的意义

金融扶贫是扶贫攻坚的重要力量。长期以来，我们比较关注以间接融资为主的金融扶贫力量，如商业银行如何大力推进普惠金融和小微贷款，而对直接融资在扶贫中作用了解较少，特别是对资本市场在贫困地区的扶贫作用认识不足。

探究直接融资在金融扶贫中的作用。近年来，资本市场各主体积极参与扶贫活动，特别是运用直接融资工具探索金融扶贫实效，在一定程度上满足了贫困地区的金融需求，也拓展了金融扶贫的渠道和方式。

调研资本市场开展金融扶贫的各类创新产品。资本市场发挥其专业优势，创新金融产品，灵活应用各项融资工具，实现贫困地区企业和资本市场的有效对接。通过创新"保险＋期货"的产品，指导和扶持各类涉农主体利用期货市场降低生产经营风险，有力扩大贫困地区金融资源；通过开发扶贫资产支持证券、扶贫债等金融产品，支持贫困地区基础设施建设和企业发展，为其提供稳定的资金来源。

研究资本市场服务脱贫攻坚的实效。扶贫不能仅靠外部"输血"，还必须与内部"造血"式脱贫相结合，通过自身"造血"巩固"输血"的成果，加强贫困地区扶贫的"真实性"，形成脱贫攻坚的长效机制。资本市场需要注重扶贫的可持续性，与贫困地区形成脱贫共同体，与贫困地区的利益紧密相连，通过利益共享、风险共担，加强双方可持续合作发展的意愿。同时，资本市场需要注重扶贫模式的可复制性，以在更大范围推广创新扶贫模式。

二、课题研究的重点与原则

近年来，与资本市场相关的金融机构，积极参与脱贫攻坚活动，开展了多种形式的扶贫工作，如运用证券期货类金融工具帮助贫困地区、教育扶贫、消费扶贫、捐赠扶贫、派人驻村等。

本课题研究重点是研究与资本市场相关的金融机构，如何运用证券期货类金融工具帮助贫困地区脱贫攻坚，而教育扶贫、消费扶贫、捐赠扶贫、派人驻村等公益性扶贫活动不在本课题研究范围内。

本课题研究原则是以"三性"为原则，即专业性、真实性、可持续性。（1）专业性，强调运用证券期货类金融工具开展金融扶贫。而教育扶贫、消费扶贫等不属于专业性研究范畴。（2）真实性，强调真扶贫，对建档立卡的贫困户有帮扶作用，排除穿马甲式的扶贫。（3）可持续性，强调对贫困户自我造血能力的培养和对贫困地区产业发展的影响，而不是一次性救助扶贫，更不是宣传性扶贫活动。

三、课题研究的主要内容和研究方法

本课题报告共六章，第一章资本市场扶贫理论分析，第二章主要政策与总体情况，第三章利用多层次股权市场服务脱贫攻坚，第四章利用资本市场债权融资工具服务脱贫攻坚，第五章农产品"保险＋期货"助力脱贫攻坚，第六章产业扶贫基金助推中国脱贫攻坚。

本课题研究的主要内容是如何运用股权市场、债券市场（包括资产证券化）、"保险＋期货"、产业扶贫基金等证券期货类金融工具助力脱贫攻坚。

本课题的研究方法是以案例研究为主，课题选择了多层次股权市场帮助贫困地区企业上市融资案例（包括主板、新三板和场外交易市场）、上市公司对贫困地区企业并购重组的案例、贫困地区企业和项目发债融资案例（包括资产证券化）、保险＋期货案例、产业扶贫基金案例等，课题报告还重点选择35个案例进行深入分析。

四、课题研究主要结论和相关建议

（一）课题报告的主要结论

课题报告认为，资本市场对贫困地区脱贫攻坚发挥了重要作用。这主要表现在：（1）为贫困地区企业募集了大量资金，也带动社会资金向贫困地区倾斜；（2）通过辅导贫困地区企业上市或发债，帮助贫困地区企业做大做优，提升企业素质；（3）通过贫困地区企业上市或发债，带动贫困地区就业和税收增长，从而带动贫困地区整体发展；（4）贫困地区企业通过多层次股权市场进行产业并购整合，带来了贫困地区的产业提升；（5）"保险＋期货"能够实现扶贫的精准性，有

效促进农民增收，促进农业规模经营，提升金融服务"三农"的能力；（6）股权市场参与扶贫，能有效地推进贫困地区金融知识教育，把现代技术、管理、人才和理念带到贫困地区。

（二）课题研究的相关建议

1. 资本市场助力脱贫攻坚还有潜力可挖。从当前运行情况看，资本市场各方参与主体在脱贫攻坚过程中发挥了重要作用，但这只是刚刚开始，还可以进一步推动机制探索和产品创新，形成资本市场服务脱贫攻坚的升级版。

2. 资本市场服务脱贫攻坚需要进一步顶层设计，从机制创新入手，各方力量形成合力，从而形成良性循环。比如，在扶贫债发行上，贫困地区融资需求强，而投资方投资意愿不足，社保、保险基金等机构投资者不愿意持有扶贫债，因为此类债券评级较低。如果国家引导或监管部门鼓励投资方一定比例地持有扶贫债，并计入扶贫考核积分，这样将极大鼓励投资者投资扶贫债券，从而带动贫困地区扶贫债券的发行。

3. 资本市场服务脱贫攻坚也存在一些问题有待改进。一是监管部门方面，在 A 股审核和债券审批速度加快的背景下，"绿色通道"政策的吸引力有所下降，建议改进新三板挂牌及 IPO "绿色通道"的政策及执行；贫困地区企业通过各类资本市场工具筹集资金后，难以确保扶贫资金真正用于扶贫项目、帮扶贫困人口，建议强化对债券融资后扶贫资金用途的监测。二是证券公司方面，贫困地区扶贫债券的设计是重点、更是难点，既要满足发行者的需求，又要保障投资者的收益，建议证券公司平衡好扶贫产品的专业化设计和公益化属性。三是贫困地区企业方面，通过 IPO、新三板挂牌等项目的贫困地区企业，建议注重提升企业自身的规范治理能力和持续发展能力。四是对于"保险＋期货"项目，保险公司和期货公司的权责划分不清，影响两者发挥合力共同开发产品和研究交易方式，建议进一步明晰保险公司和期货公司的权责划分。

五、课题研究的贡献与不足

本课题研究的贡献或创新之处：（1）首次系统梳理和评估资本市场服务脱贫攻坚的案例。本研究对我国资本市场服务脱贫攻坚的模式进行全面系统梳理，提炼推广值得肯定的经验做法，结合现状对存在的主要问题和原因解析，并提出相关建议，以探索构建资本市场服务脱贫攻坚的可持续发展模式。（2）基于"三性"（专业性、真实性、可持续性原则），进行课题研究，案例分析也重点强调通过调查分析股票、债券、期货等市场在脱贫攻坚方面的创新模式、途径和做法，推广真正满足真实性、可持续性以及可复制性的经验成果，激发贫困地区可持续发展的内生动力，更好发挥资本市场在服务脱贫攻坚战中的功能和作用，构建贫困地区脱贫的长效机制。

课题研究的不足，受疫情等因素影响，原计划去一些贫困地区进行实地调研，最终没有完全实现。其实，运用与资本市场相关金融工具探索金融扶贫的创新与实效这一话题，比运用银行贷款助力脱贫攻坚，大家更为陌生，需要调研与分析的问题更多，而本课题研究仅仅算作一个开始。

目　　录

案例索引

第一章　资本市场扶贫理论分析

一、资本市场扶贫的主要理论基础

（一）社会主义市场经济理论与资本市场功能论

以实现全体人民共同富裕为目标，是社会主义市场经济的基本特征和本质要求。在这个过程中，效率与公平是社会主义市场经济关注的一组核心问题。随着我国生产力的不断发展和社会的不断进步，二者相互关系逐步转变，从"效率优先，兼顾公平"到"公平与效率并重"，再到"在经济发展的基础上更加注重社会公平"。

我国资本市场是社会主义市场经济体系中最具活力和效率的组成部分，在高效优化国内外各类要素资源市场化配置的同时，也有促进社会公平和谐的重要职能。社会主义市场经济中的资本市场，既要服务实体企业发展和保护广大投资者利益，也要参与脱贫攻坚战等国家战略。脱离低质量生活水平、为全体人民群众谋福祉，是党和国家推动发展的根本目的，也就是资本市场发展的根本目的。如果我国资本市场不能让全体人民群众共享经济发展的果实，它将会偏离社会主义的本质要求。

经过近30年的快速发展，我国资本市场从无到有、从弱到强、从单一到多元，多层次体系逐步健全，服务实体经济的质量和包容性稳步增强，目前已经具备了向更多实体企业、更广大人民群众包括贫困地区企业与民众提供服务的基本能力和实力。

（二）责任投资与现代公司治理理论

责任投资（联合国2006年倡导的理念）的理论基础是现代公司治

理理论。该理论成熟的重要标志，是治理目标由股东利益最大化，转向相关者整体利益最大化。或者说，公司治理的范围由内部治理扩大到外部治理。现代公司治理的分支理论——利益相关者管理理论更明确提出，企业可持续发展依赖平衡股东、债权人、客户、社区、政府、自然环境、子孙后代等利益相关者的诉求。

伦理投资是责任投资的重要内容（见图1-1）。伦理投资对社会领域的关注，主要是广义范围的人权问题，包括两个方面。一是集体人权，比如种族歧视、性别歧视、年龄歧视等，还有民族自决权、发展权、和平与安全权等。二是个人人权，集中体现在劳资关系。它具体涉及使用童工、强迫劳动、工资待遇等，也包括结社自由、工作条件、员工健康与安全等方面。在20世纪50—70年代，越南战争、美国民权运动等一系列重大事件，导致反战、反种族歧视情绪高涨，集体人权成为责任投资和伦理投资关注的重点。此后，责任投资开始侧重企业中的个人人权，重点关注采掘业和农业企业。

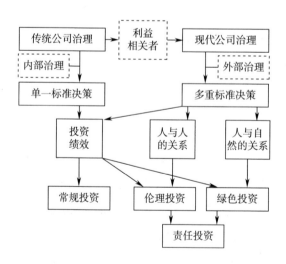

图1-1　责任投资的理论框架

伦理投资强调在创造长期价值的基础上，以投资促进社会和谐、经济正义和可持续发展。伦理投资常把投资者自身的道德标准和价值判断植于投资策略之中，以达成和谐发展之目标。显然，贫困问题是关于贫困地区人口的发展权，关乎社会公正与平等，包括机会平等与可行能力平等多个维度，关乎社会和谐健康发展。因此，削减贫困人口、缩小贫富差距也是伦理投资的重要价值标准。我国资本市场服务脱贫攻坚国家战略取得了明显成效，也为责任投资理论的进一步发展提供了实践支撑。

（三）资本市场普惠金融理论

资本市场是现代金融体系的核心，普惠金融的全方位、立体式发展离不开资本市场的强力支撑。早在普惠金融的前身——微型金融阶段，金融服务就已经从单一的贷款，向存储、汇兑、保险、担保、消费金融、股权融资等多元化方向发展。其中，在部分小微企业（特别是创意型、技术型小微企业）的股权融资上，天使投资、风险投资和私募股权投资等发挥了重要作用。近年来，以中国为代表的资本市场，在县域地区、贫困地区发挥出越加明显的经济作用，进一步丰富了资本市场发展普惠金融理论的现实支撑。

若从更加宏观的资本市场视角观察，多层次股权市场、债券市场和期货市场等，分别从不同领域对中小微企业以及涉农企业、贫困地区企业、民办医疗等弱势产业提供了支持。同时，证券监管部门大力倡导和推进的中小投资者权益保护、提高交易信息透明度、金融教育和金融扶贫等，有效推动了普惠金融的全面发展。

二、资本市场扶贫的作用机制分析

金融扶贫是我国打赢脱贫攻坚战的重要支撑保障。金融发展可以通过促进经济增长、改善收入分配和为贫困人群提供金融服务等渠道降低贫困问题。过去，金融扶贫工作更多地关注了间接融资，即关注银行在扶贫中的作用，而对直接融资下资本市场在扶贫中的作用则关注较少。中国人民银行、中国证监会等部门先后颁布指导性文件，鼓励资本市场利用多样化融资工具吸引资本向贫困地区聚集。近年来，资本市场在我国扶贫进程中发挥了越来越重要的作用。资本市场监管机构、行业协会及金融机构充分发挥各自优势，开辟扶贫新思路、探索扶贫新路径，并通过加强政策协同和信息共享、优化风险补偿和分担机制，以资本市场整体之合力为脱贫攻坚注入金融力量；同时，资本市场充分发挥在资源配置中的引导撬动作用，吸引社会资金等各类生产要素广泛参与脱贫攻坚，通过支持贫困地区特色产业发展带动经济增长和助力脱贫减贫。

资本市场扶贫是中国特色社会主义市场经济下消除贫困、全面建成小康社会的重要创新性探索，同时也是中国专项扶贫、行业扶贫和社会扶贫"三位一体"大扶贫格局的重要组成部分。2016年证监会颁布《中国证监会关于发挥资本市场作用服务国家脱贫攻坚战略的意见》以来，各市场主体充分利用多层次的资本市场助力脱贫攻坚。除支持贫困地区公司 IPO 上市、新三板挂牌和定向增发等传统融资途径外，证券公司利用债权融资工具结合贫困地区资源创新了多种融资方式，如易地扶贫搬迁项目收益债、银行间扶贫专项贷款资产证券化产品、小额贷款资产支持专项计划及天然气管道融资租赁项目等多种创新融资项目，期货公司利用衍生金融工具开发了"保险 + 期货"试点项目，基金管理公司依托贫困地区的自然资源禀赋和特色产业开发产业基金。

当前，我国 A 股市场、新三板、股转系统、证券公司、期货公司和上交所等资本市场主体广泛地参与了扶贫工作。比如，中国金融扶贫综合平台数据显示，截至 2019 年 9 月，有 13 家贫困地区的企业通过绿色通道发行上市、募集资金共计 74 亿元，另有 66 家拟上市企业正在筹备上市工作；新三板累计服务贫困地区挂牌公司 315 家，服务的贫困地区覆盖了全国 22 个省份、197 个区县。全国中小企业股份转让系统数据显示，全国中小企业股份转让系统累计减免贫困地区、民族地区公司挂牌费用已超过 5000 万元。此外，证券公司履行社会责任情况报告数据显示，截至 2019 年 7 月共有 101 家证券公司结对帮扶 285 个国家级贫困县，覆盖 34% 的国家级贫困县，2016—2018 年，证券公司帮助贫困地区企业融资达 2026 亿元。中国证监会期货部负责人罗红生在 2019 年资本市场脱贫攻坚论坛上表示，2016—2018 年"保险 + 期货"模式累计投入 3.3 亿元，推动期货行业扶贫累计投入 3.24 亿元。此外，截至 2019 年 9

月底，上交所已累计支持发行扶贫债券 50 只，发行金额 239.6 亿元。

资本市场扶贫工作还积极融入我国"五个一批"的脱贫实践之中。2015 年习近平总书记在《减贫与发展高层论坛》上首次提出"五个一批"，为打通脱贫"最后一公里"开出破题药方，即发展生产脱贫一批、易地搬迁脱贫一批、生态补偿脱贫一批、发展教育脱贫一批和社会保障兜底一批。其一，通过 IPO、新三板挂牌等机制帮助贫困地区企业上市获取生产发展资金或吸引优质企业到贫困地区带动就业和地区经济增长，以及利用资产证券化或资管计划盘活贫困地区土地、林地等存量资源以实现贫困地区内生式发展，进而推动发展生产脱贫一批。其二，通过发行易地扶贫搬迁收益债等推动易地搬迁脱贫一批。2016 年国开证券和华西证券发行了"16 泸扶贫项目 NPB01"用于支持泸州市国家级贫困县叙永、古蔺片区易地扶贫搬迁建设项目，从根本上解决"一方水土养不起一方人"的困境局面。其三，资本市场还通过资产证券化、发行绿色债券及支持生态治理企业上市等方式为生态补偿提供市场化融资机制，进而助力生态补偿脱贫一批。现行生态补偿领域以财政资金为主、市场资金直接参与的部分较少，供给方式单一不仅限制了生态补偿的资金来源，而且由于财政资金缺乏市场机制等客观上造成生态补偿资金投入方式粗放、传导效率不高和发挥效果有限等局面。最后，资本市场还通过开展系列金融教育活动、定点扶贫地区干部扶贫培训、对贫困地区援建学校和资助贫困学生等方式，助力发展教育脱贫一批。

（一）资本市场扶贫的宏观机制分析

在宏观层面，首先，资本市场发展可以通过促进经济增长对降低贫困问题发挥积极作用。金融结构理论认为，以初级证券和二级证券为形式的金融上层结构为资金流动提供了便利，改善了经济运行机制，有利于提升经济增长速度。一方面，因为从现代金融体系发展来看，资本市场是金融市场的重要主体和金融体系最具活力的平台，也是拓宽融资渠道、缓解融资约束、推进产业结构调整和提高资源配置最有效率的途径，以资本市场为主导的金融结构在信息透明化、价格发现、推动科技创新和管理风险等方面具有积极作用。另一方面，通过推动资本市场发展支持实体经济，还可以避免银行主导的金融结构下信贷扩张导致的杠杆率过高问题，推动经济实现高质量可持续发展，为脱贫攻坚提供良好的宏观经济环境。已有研究表明，信贷扩张下的金融深化与经济增长之间并不存在不受约束的线性正相关关系，而更多地呈现出一种倒 U 形关系，适度的杠杆率上升有利于促进经济增长，超过了合理范围将会对经济增长产生不利影响。

其次，资本市场参与脱贫攻坚还可通过提供资金支持、盘活存量资产、引导社会资本和连接市场投资者等渠道直接促进减贫脱贫。资本市场融资特有的融资高效率、扶持精准性及发掘潜在产业资源的能力，在为贫困地区注入资金、发掘贫困地区持续增长点等方面具有独特的优势。从短期来看，资本市场扶贫可通过 IPO 上市、新三板挂牌、债券发行等直接融资方式为贫困地区注入资本、支持贫困地区企业及经济发展，同时还可以利用资产证券化、资产管理计划、融资租赁等方式盘活贫困地区土地、集体产权等生产要素及存量资产，多样化融资工具能够更好地满足贫困地区多元化融资需求，且可引导社会资金共同进入扶贫领域。从长期来看，贫困地区人口真脱贫及高质量脱贫需将贫困地区产业发展融入国家经济发展大框架中，资本市场则是联结贫困地区产业与市场投资者的渠道。

特别地，资本市场扶贫有利于提升贫困地区及贫困群体的内生发展动力。贫困地区摆脱贫困陷阱和实现长远发展必须充分发挥内生动力的作用，实现"内外结合"协同发展。从外部环境看，资本市场通过对注册地在贫困地区企业提供 IPO 上市、全国中小企业股份转让系统挂牌和债券发行"绿色通道"等政策，吸引优质企业到贫困地区发展，直接将价值链中部分环节转移到贫困地区，为贫困地区引入优质产业、技术并创造就业岗位；同时，多层次资本市场还有助于吸引不同规模企业参与贫困地区发展，对于拥有先进生产技术的企业可以借助资本市场债券股权融资，整合更多生产资源，将落后生产转变为现代生产，对于中小规模企业可以通过场外产权交易市场，如区域股权交易市场、私募债券市场等获取资金。从内部约束来看，绝大部分贫困农民无技术、无资金且无门路，只能靠传统土地种植来解决穿衣吃饭问题，实行单干承包势单力薄难以实现持续脱贫，为此跳出贫困陷阱需借助于农业产业和农村集体经济发展。资本市场可以实现资本和农业生产、产业发展机会相结合，克服生产发展过程中融资、管理及技术门槛问题，通过整合生产、加工和流通等环节，降低交易成本和提高生产效率以发挥最大生产潜能。同时，农村生产要素产权形式包括土地经营权、农业企业股权、集体资产权益、知识产权等多种形式，而资本市场作为资本所有权和各类产权的交易平台，可以通过丰富的金融产品和多元的交易场所充分实现农村生产要素的优化配置。

（二）资本市场扶贫的微观机理分析

在微观层面，资本市场大体可通过担保增信、融资增强、产业发掘、风险分散和金融教育等功能对降低贫困发挥积极作用。

1. 担保增信功能。担保制度是扶贫脱贫进程中不可缺少的环节。担保扶贫机制是为贫困地区经济主体贷款提供信用担保，通过将信贷风险转嫁给担保公司，以帮助缺失有效抵押物的借款主体能从银行融资，从而对信贷扶贫制度运行产生助推作用。证券公司可通过灵活的产品设计实现担保增信功能，这可在一定程度上取代间接融资中担保公司的作用，进而发挥促进融资途径简化和融资成本降低等作用。

2. 融资增强功能。资本市场扶贫可做到因地、因项目针对性地为向贫困人口提供融资服务，以缓解贫困人口进行再生产的资本稀缺问题。证券公司发挥资本市场作用开展金融扶贫，将贫困地区细碎、分散、沉睡的各种资源转为生产要素，发挥金融服务的专业优势，在风险可控的前提下，积极进行金融创新，充分发掘贫困地区可用资源，撬动社会资本流入贫困地区，直接提升了贫困人口的金融及信贷可得性，支持贫困人口的再生产。易地扶贫搬迁项目收益债券利用土地流转增减挂钩政策发行收益债券融资，融资租赁项目利用天然气管网等作为租赁物通过售后回租方式提供了建设输送管道天然气管网的资金。

3. 产业发掘和扩大生产功能。首先，资本市场具有天然的发掘潜在产业资源、推进产业结构调整升级的能力。资本市场主体介入对技术障碍突破、产业整合以及农村赋权等方面也更具能力与前瞻性，从而能够有效规避贫困人口过度风险厌恶、缺乏远视等对产业发展的影响。其次，资本市场还可通过引入战略资金和改善融资结构，支持贫困地区有条件的优质企业借助资本市场工具促进生产经营和做大做强。贫困地区的优质企业往往缺乏经营规模优势，依靠自身资产抵押获得的融资有限而对企业资产扩张形成拖累，资本市场可通过债券融资、股权融资等方式极大提高企业自身负债结构的弹性。比如，仁创生态环保科技股份有限公司新三板股票发行项目，该公司位于国家级贫困县安徽岳西县，通过两次股票增发成功引入新的战略投资者，获得发展资金为其主营业务及资本层面带来了新的资源及发展机会。

4. 风险分散功能。由银行、保险公司和担保公司组成传统的闭环式金融扶贫风险防范机制各风险节点间具有高度内生性，面对因系统性风险及农业弱质性等带来的问题时，一个风险节点出现风险，很容易波及整个金融扶贫链条，导致政府、金融机构以及农户均产生严重损失（温然和王重润，2019）。期货市场的价格发现功能、资产证券化和信用违约掉期的风险转移功能理当是当下及未来金融扶贫的重要内容，三者的综合运用有助于打破闭环风险体系，可以有效实现链式风险防范，提高资源配置效率。比如，"保险＋期货"模式通过农户购买保险公司挂钩期货价格的保险产品、保险公司通过购买期货公司期权产品进行风险转嫁、期货公司再通过期货市场进行风险对冲等，最终形成风险逐步传递和分解；"保险＋期货＋订单/信贷"等还可通过引入龙头企业，增强农户与龙头企业之间订单关系的稳定性，促进订单农业履行履约率提高和产业链上下游利益联结机制的进一步完善。

5. 金融教育功能。资本市场系列金融教育活动有助于提升市场主体金融素养，增加市场主体自主发展能力。比如，中国证监会与中国人民

银行、中国银保监会、国家网信办四部门联合开展的"金融知识普及月
金融知识进万家　争做理性投资者　争做金融好网民"的教育宣传活
动，长江证券、中金所期货期权学院等证券期货投资者教育基地活动，
以及证监会与教育部联合印发《关于加强证券期货知识普及教育的合作
备忘录》等。金融素养作为经济金融迅速发展下市场参与主体的重要可
行能力，有利于促进贫困地区和贫困群体借助金融工具做出有效金融决
策、进行资产合理配置、增强风险应对能力和实现财富积累，进而可助
力贫困群体提高金融福利和摆脱贫困恶性循环。

（三）直接融资与间接融资的扶贫效应比较

过去，我国金融扶贫主要依赖银行信贷支持下的间接金融扶贫模式，
而较少关注资本市场支持下的直接金融扶贫。但是，相比于间接金融扶
贫模式，资本市场支持的直接金融扶贫模式具备产品多元化、融资成本
更低、融资规模更大、融资期限更长及融资来源更加广泛等特点，这将
有助于对脱贫攻坚产生长期效应和规模效应，同时也有利于避免区域性
金融风险问题。具体而言，间接金融扶贫主要依赖银行信贷机制、而资
本市场扶贫可以综合利用 IPO、新三板、债券、资产证券化、资产管理
等多种金融工具；银行赚取存贷利差、收取管理费用等导致融资成本相
对较高，并且主要是以 1~3 年内的小额贷款或信用贷款等方式支持贫困
群体，融资期限相对较短且融资规模较小；由于信息不对称，出于控制
风险的考虑，银行类金融机构难以为银行网点所在地贫困群体提供信贷
支持，贫困群体自身资信状况也限制了他们获取其他地区的信贷支持，
导致间接金融扶贫模式下的融资来源也更加有限。在此相对差异下，直
接金融扶贫模式可以通过更加多元化的金融工具、更低的融资成本、更
高的融资规模和更长的融资期限，满足贫困地区长期发展、扩大再生产
需求，进而促进减贫脱贫的长期效应及规模效应；同时，产品形式和融
资来源多元化也可在一定程度上避免过度集中的地区信贷诱发的区域性
金融风险问题，进而保证扶贫支持下的金融稳定。

同时，相比于银行信贷扶贫，资本市场扶贫还可在一定程度上避免

贫困地区出现内卷化问题。内卷化，是指一种社会经济问题在某个阶段达到一种确定的形式后，便停滞不前或无法转化为另一种高级模式的现象。间接融资模式下的金融扶贫支持可能导致贫困地区及个体过度依赖银行贷款，致使金融扶贫模式走入一些误区及扶贫效率下降。比如，将金融扶贫视同直接提供贷款、贷款必须是低息贷款或免息贷款等误区，会使金融扶贫偏离市场化轨道走入行政化模式，由此金融扶贫将难以避免产生内卷化效应，导致贫困地区陷入贫血状态或出现返贫问题。与之不同，资本市场为金融扶贫引入市场机制，有助于缓解内卷化效应。一方面，资本市场引入证券公司和上市公司对接贫困县，结合贫困地区资源因地制宜设计融资产品、实现了专业的人做专业的事、可避免政府二次购买服务和提升资源使用效率；另一方面，在为贫困地区引进资金以及资源技术时，资本市场遵循市场原则通过 IPO 上市和新三板挂牌的"绿色通道"给了企业衡量借壳成本加时间成本与注册地搬迁贫困地区三年成本对比的机会，保证有能力有资质的企业在自身发展的同时带动贫困地区发展。资本市场参与贫困地区融资发行的土地流转债券、资产支持证券等产品通过参与资本流通，可以实现贫困地区产业参与资本市场发展红利。

三、资本市场扶贫的文献综述

（一）金融结构优化与资本市场扶贫

已有研究发现金融结构问题可通过收入不均等的作用机制对降低贫困发挥积极作用，同时资本市场通过为贫困地区企业上市开辟绿色通道也可通过促进贫困地区中小企业的发展实现贫困户更大范围的就业，进而实现区域收入增长和促进减贫。比如，林毅夫等（2009）从我国劳动力现状和产业结构特征出发指出，资本这一相对稀缺的要素禀赋的结构短期内难以改变，这就使以劳动力为主的劳动密集型中小企业仍将是我国的优势产业，而贫困户又多为非熟练劳动力和半熟练劳动力，这就使得二者之间存在衔接的可能。杨俊（2012）从金融分工和企业融资角度来考察金融结构、并通过经济增长和劳动力市场渠道研究了地区金融结构与收入不平等之间的关系，发现提高直接融资比例会降低收入不平等程度，金融结构影响收入不平等的经济增长渠道不畅、劳动力需求渠道基本通畅，为此建议通过逐步开放金融市场管制，提高直接融资比例，清除上述两个渠道的制度障碍。华桂宏（2016）认为，金融结构演化逐渐体现出阶段性、区域性和优化后的扶贫效应，金融结构优化与发展普惠金融相结合，从弱势地区、弱势产业和弱势群体的角度来实现普惠金融的发展，同时在加强监管的前提下适当放宽弱势地区的市场准入，在满足发展条件的弱势区域降低准入门槛、使其不再过分依赖银行主导模式，进而提高直接融资比重，尤其是中小企业板和创业板扩容。

（二）资本市场扶贫的宏观总体效应

国内学者从理论和实证层面分析了资本市场扶贫可能产生的宏观总体影响。比如，胡恒松（2018）指出，当前金融扶贫未能有效发挥作用的一个根本原因在于，我国经济长期处于计划经济体制下相关市场机制不健全、经济发展方式转变较为缓慢，尤其在政策优势逐步减弱后经济外向度比例较小、对域外资金吸引能力差，尚未形成能够提供多样化融资渠道以激活区域资本市场。应力（2017）认为，资本市场参与扶贫可以克服经济发达地区对资本和人才的"虹吸效应"，增大贫困地区对人才、资金等发展要素的吸引力，促进资本"脱虚入实"给贫困地区企业带来更多的发展机遇，从而带动贫困地区经济发展。李鑫（2019）利用国内 25 个省市 2010—2017 年面板数据，构建农村贫困发生率、资本市场发展指标、间接融资发展指标及其他控制变量的实证模型发现，我国资本市场对脱贫攻坚的促进效应和间接融资的发展密不可分，资本市场对脱贫攻坚中后期的发展起到了关键作用。

就国际证据而言，文献也证实了资本市场发展有利于降低贫困。比如，Kappel（2009）利用 78 个发达国家与发展中国家 1960—2006 年的面板数据，从银行信贷和股票市场发展两个维度实证研究金融发展对贫困问题的影响，发现除了银行信贷有利于降低贫困以外，股票市场资本

化程度、交易量及流动性状况也有利于缓解贫困问题。进一步，Naceur
和 Zhang（2016）利用 143 个国家 1961—2011 年面板数据，从银行信贷
和股票市场发展两个维度出发，实证研究了金融可得性、金融深化、金
融效率、金融稳定性和金融自由化等不同方面金融发展对贫困问题的影
响，发现除金融自由化会恶化贫困问题外，其他方面的金融发展都有利
于降低贫困问题，并且银行信贷发展和股票市场发展（包括股市资本化
程度、交易量、流动性和稳定性等状况）都可以对降低贫困问题发挥积
极作用。此外，Lazar 等（2006）利用印度数据从人均国民收入或农业生
产等方面衡量贫困问题，也发现股票市场资本化程度和交易量等有助于
降低贫困问题。Bayar（2017）利用新兴国家面板数据发现，银行部门发
展和股票市场发展对降低贫困有显著的正向影响，二者与贫困缓解存在
长期协整关系。

（三）不同金融工具的减贫效应分析

首先，就资产支持专项计划、IPO 绿色通道和专项资产管理项目等
资本市场扶贫方式而言，杨阳（2017）以云南巴拉格宗入园凭证资产支
持专项计划为例，分析资本市场对接贫困地区特色产业金融需求的优势，
该项目以将入园凭证的收益进行证券化，发行总规模为 8.4 亿元获得融
资规模远高于银行贷款，期限长达七年，前期仅需偿还利息，到期后偿
还本金的优质中长期融资。该计划以民族地区的特色资源为依托，盘活
当地优质旅游资源，拓宽民族地区的融资渠道，增加少数民族贫困地区
就业人口，助力产业脱贫。夏丹（2017）以十堰市郧阳区通过 IPO 绿色
通道优势引进优质企业、专项资管项目盘活僵尸资产、助推企业上市的
发展道路为例，指出通过发挥资本市场作用促进资本集聚和产业发展，
能够同时解决输血和造血两大难题，为打赢脱贫攻坚战提供源源不断的
资本支持和产业发展动力。

其次，"保险＋期货"、产业扶贫基金等而言，"保险＋期货"可通
过对农户、保险行业和期货行业同时发挥积极作用而促进减贫，产业扶
贫基金则可通过产业资本和贫困地区资源的结合降低贫困问题。马雪娇

（2018）指出，"保险＋期货"模式以市场化方式向贫困地区提供多元化金融服务，通过完善农产品价格调控机制、转移农产品市场风险等方式推动农业和农民稳定增收，有助于实现扶贫攻坚和精准脱贫目标。方蕊等（2019）通过农户参与意愿中介效应与政府补贴满意度调节效应的分析，提出参加"保险＋期货"试点项目可以提高农户种粮积极性。龙文军和李至臻（2019）指出对于期货行业来说，"保险＋期货"体现了期货服务实体经济的重要意义，是保险行业和农业部门的深度合作，增强了保险机构的赔付能力和扩大了承保责任，同时也为期货和保险业务的拓展开辟了道路。刘明月（2019）利用5省10家企业的典型案例数据分析产业扶贫基金的带动方式及实施成效，发现产业扶贫基金通过整合产业资本和贫困地区资源形成了"产业基金＋企业＋贫困地区资源＋农村人口"的运行模式，通过直接生产带动、就业带动和资产收益带动显著提高了当地农户的家庭收入水平和财政收入，并改善了当地生态环境，同时相较于政府主导的产业扶贫，产业扶贫基金具有资金使用效率高、产业扶贫精准度高、可持续性强等优势。

（四）资本市场扶贫的异议讨论及约束条件

首先，对贫困地区企业在资本市场开辟绿色通道引来了学者对资本市场扶贫政策究竟是上市"免安检"还是减贫"杀手锏"的探讨。孙建波（2016）认为，鉴于贫困地区商业和专业服务落后，服务资本市场的人才匮乏，在同等条件下，往往在流程的准备上严重滞后于发达城市的企业，因此对贫困地区的项目给予审核流程上的优先安排，是在政策上弥补贫困地区商业和专业服务滞后，弥补贫困地区因资本市场人才匮乏带来的不足，并没有降低企业上市标准。梅成超（2018）指出，资本市场发挥扶贫作用需要制定更为合理的激励措施，让更多的证券公司、更多的金融从业人员积极主动地投入扶贫工作中，实现对贫困地区的直接帮扶，并且更要注重建立资本市场扶贫长效机制和提升贫困地区自我发展能力。以"保险＋期货"为例，马雪娇（2018）指出我国并非所有"保险＋期货"项目均将预期价格、收获期价格、种植成本等因素纳入定价体系，期货价格波动与保险定价如何动静匹配以及如何判定保险事先约定的目标价格是否合理仍需探讨。杜世风等（2019）还发现，上市公司精准扶贫行为的主要影响因素是公司业绩、公司规模和国有产权，为此，证监机构要鼓励和引导规模较大、业绩较好的上市公司更多地参与精准扶贫项目，国有企业加强社会定点扶贫，设立专职扶贫人员和扶贫基金。

其次，相关国际证据也表明，资本市场发展对降低贫困问题并非存在不受约束的确定性正向关系。比如，Honohan（2004）、Rashid 和 Intartaglia（2017）并未发现股票市场发展可以显著降低发展中国家的贫困问题，作者认为一种可能的原因是中低收入国家股票市场发展并不完善，并不足以对贫困缓解发挥积极作用。类似地，Kappel（2009）也发现，相对于发展中国家而言，股票市场发展对发达国家的影响更为显著。Naceur 和 Zhang（2016）发现，无论是银行信贷还是股票市场，金融发展对贫困问题的作用都在一定程度上依赖国家收入高低和法律制度完善状况，相比而言，金融发展对降低高收入国家和法律制度完善国家的贫困问题的作用更大。Charlton 和 Stiglitz（2004）在研究资本市场自由化对贫困问题的影响时还指出，资本市场自由化既可以通过获取发达经济体的信贷支持、分散风险机会和应对波动性的保险机制对减贫发生积极作用，但也可能由于贫困群体最为脆弱、难以抵抗金融危机冲击、降低议价能力、弱化政府财政作用和加剧金融竞争等原因不利于降低贫困问题，为此，政策制定者在金融改革进程中需要谨慎地把握由此带来的潜在收益与风险。

第二章　主要政策与总体情况

党的十八大以来，以习近平同志为核心的党中央高度重视打赢脱贫攻坚战的工作，对金融扶贫工作作出一系列部署。证监会、人民银行等部门先后颁布指导性文件，注重发挥资本市场在脱贫攻坚中的作用，鼓励资本市场利用多样化融资工具吸引资本向贫困地区聚集。交易所、行业协会优化完善对上市公司和证券、期货、基金机构的考核评价体系，引导资本市场利用专业优势服务脱贫攻坚。

一、资本市场服务脱贫攻坚的政策出台背景

（一）中央高度重视金融扶贫工作

习近平总书记在中央扶贫开发工作会议上的讲话时强调，要做好金融扶贫这篇文章。要加快农村金融改革创新步伐，提高贫困地区和贫困人口金融服务水平。要通过完善激励和约束机制，推动各类金融机构实施特惠金融政策，加大对脱贫攻坚的金融支持力度，特别是要重视发挥好政策性金融和开发性金融在脱贫攻坚中的作用。

（二）我国经济发展不协调、不均衡的问题长期存在

我国经济发展不协调、不均衡的问题长期存在，经济增长的成果并没有被全体国民有效、合理地共享，表现为当前贫富差距不断扩大，收入分配关系不合理问题突出，少部分人占有国民财富的比例越来越高。同时，社会事业的发展滞后于经济的发展，表现为在当前的社会保障、住房、医疗等领域存在着诸多亟待解决的问题；城市与农村二元经济的

结构没有得到根本改变，城乡发展不协调问题依然存在；区域发展不够平衡，西部地区的发展滞后于东部地区的发展。因此，我国市场经济秩序有待进一步完善，各种制度与规范尚待健全。

（三）贫困地区企业的上市和融资进程较滞后

近些年来，我国资本市场蓬勃发展，但资本市场改革发展的成果难以有效惠及贫困地区，我国贫困地区企业利用多层次资本市场进行融资的进展一直相对缓慢。据统计，截至2016年9月29日，贫困地区A股上市公司共17家，仅占市场总数的0.58%。贫困地区新三板挂牌公司共181家，占市场总数的1.98%，如图2-1所示。消除这种金融领域的不平衡，还有相当长的路要走。而通过政策引导是一条有效的捷径，可以提升贫困地区直接融资比重，提高贫困地区利用资本市场的能力，减少区域间不平衡。

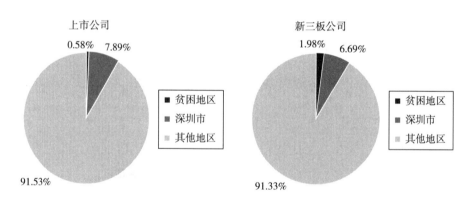

图2-1　贫困地区企业 A 股上市和新三板挂牌情况（截至 2016 年 9 月 29 日）

二、资本市场服务脱贫攻坚的主要政策梳理

资本市场服务脱贫攻坚的重要政策，主要分为国家政策、证监会出台的具体政策和交易所及行业协会的指引通知三个层面。

（一）党中央、国务院出台的政策

2011年，中共中央、国务院印发《中国农村扶贫开发纲要（2011—2020年）》，从信贷和保险方面对金融服务工作进行部署，提到要多方面拓宽贫困地区融资渠道。各相关部门要根据国家扶贫开发战略部署，结合各自职能，在制定政策、编制规划、分配资金、安排项目时向贫困地区倾斜，形成扶贫开发合力。2015 年，中共中央、国务院印发《关于打赢脱贫攻坚战的决定》（中发〔2015〕34 号），对打赢脱贫攻坚作出全面工作部署，并强调加大金融扶贫力度，从信贷、担保和保险三个方面提出金融扶贫的要求。这两个纲领性文件虽然没有直接提及资本市场参与扶贫，但对金融扶贫、资源政策倾斜提出相关要求。

资本市场扶贫的政策首次出现在中央文件中。2018 年，中共中央、国务院印发《关于打赢脱贫攻坚战三年行动的指导意见》，在加大金融扶贫支持力度方面，首次将资本市场扶贫纳入，主要政策为：一是贫困地区企业首次公开发行股票、在全国中小企业股份转让系统挂牌、发行公司债券等按规定实行"绿色通道"政策；二是鼓励上市公司、证券公司等市场主体依法依规设立或参与市场化运作的贫困地区产业投资基金和扶贫公益基金；三是探索发展价格保险、产值保险、"保险＋期货"等新型险种。党中央、国务院出台的政策如表 2 - 1 所示。

表 2 - 1　　　　　　　　　　国家层面的政策

时间	政策名	主要内容
2011 年	《中国农村扶贫开发纲要（2011—2020 年)》	从信贷和保险方面对金融服务工作进行部署
2015 年	关于打赢脱贫攻坚战的决定（中发〔2015〕34 号）	提出加大信贷、保险、担保等金融扶贫力度
2018 年	《关于打赢脱贫攻坚战三年行动的指导意见》	资本市场扶贫的政策首次出现在中央文件中

（二）证监会、人民银行等监管部门出台的政策

为全面贯彻党中央、国务院关于脱贫攻坚的战略部署，证监会注重发挥资本市场在脱贫攻坚中的重要作用，先后出台了服务西部地区、革命老区、少数民族地区的一系列政策，联合人民银行印发文件支持利用多层次资本市场拓展贫困地区融资渠道，发布《关于发挥资本市场作用

服务国家脱贫攻坚战略的意见》，出台绿色通道和费用减免等政策，积极支持资本市场服务国家脱贫攻坚战略。

1. 证监会出台的服务西部地区、革命老区、少数民族地区的政策

明确西部地区 IPO 优先审核。为支持西部大开发，自 2012 年 8 月起，证监会在企业首次公开发行上市审核进度安排方面实行"西部企业优先审核"的政策，披露《首次公开发行股票审核工作流程》向市场公开。适用于《国务院关于西部大开发若干政策的实施意见的通知》（国办发〔2001〕73 号）划定的范围，即西部 12 省（区、市）及 3 个比照执行的地区。

支持中央苏区振兴发展的实施意见。为落实《中央国家机关及有关单位对口支援赣南等原中央苏区实施方案》的要求，2014 年 4 月，证监会出台了《中国证监会支持赣南等原中央苏区振兴发展的实施意见》（证监发〔2014〕27 号），意见提出了指导支持企业新三板挂牌和发行上市等 9 项措施。

支持民族地区专项培训。自 2014 年 6 月，证监会制定了《民族地区资本市场培训基金管理办法（试行）》，组织证券期货交易所捐赠 9000 万元，专门用于支持新疆等 5 个少数民族地区证券期货行业教育培训，普及金融知识，培养当地人才。

支持西藏发展的"绿色通道"政策。为贯彻落实中央关于做好新时期西藏工作的指导方针，2015 年 3 月，证监会与西藏形成了《关于支持西藏资本市场发展座谈会会议纪要》，提出了 8 项支持西藏发展的措施。为提高直接融资规模，对符合条件的西藏企业建立"绿色通道"，实施"即报即审、即审即发"政策，全面落实西藏企业到新三板挂牌"即报即审、即审即挂"政策，对挂牌初费和挂牌年费予以全免。

制定暂免征收民族地区挂牌费用的政策。为加大全国中小企业股份转让系统支持民族自治地区企业发展的力度，减轻民族自治地区挂牌公司费用负担，经证监会批准，自 2015 年 1 月 1 日起，暂免征收注册在内蒙古、广西、西藏、宁夏和新疆 5 个民族自治地区的挂牌公司挂牌费用

（包括挂牌初费和挂牌年费）。

加强对新疆地区的支持力度。2017 年 1 月，证监会与新疆维吾尔自治区人民政府、新疆生产建设兵团三方签订了《关于发挥资本市场作用进一步支持新疆经济社会发展的战略合作协议》，进一步推进对新疆的支持工作，新疆企业首发上市、新三板挂牌享受"即报即审、审过即发"绿色通道政策，即在不降低标准的条件下，给予新疆企业上市、发行、挂牌优先支持。

证监会出台的服务西部地区、革命老区、少数民族地区的政策，如表 2 - 2 所示。

表 2 - 2　　　　　　　　证监会出台的服务西部地区、
革命老区、少数民族地区的政策

时间	政策名	主要内容
2012 年	证监会《发行监管部首次公开发行股票深交所申报企业基本信息情况表》	首次在表中将西部 12 省区市及比照执行的地区首发在审企业以"＊"号标出，"西部企业优先审核"政策落实执行
2014 年	证监会印发《中国证监会支持赣南等原中央苏区振兴发展的实施意见》	指导当地企业发行债券、到"新三板"挂牌，双向选派干部挂职，开展专题培训，同时引进证券行业公益资金 853 万元支援当地民生、教育项目等
2014 年	证监会、国家民委发布实施《民族地区资本市场培训基金管理办法（试行）》	决定在五大民族自治区分别建立资本市场培训基金，主要用于民族地区证券期货行业教育培训、普及资本市场及金融知识等
2015 年	证监会与西藏形成了《关于支持西藏资本市场发展座谈会会议纪要》	提出了 8 项支持西藏发展的措施，对符合条件的西藏企业建立"绿色通道"，实施"即报即审、即审即发"政策，全面落实西藏企业到新三板挂牌"即报即审、即审即挂"政策，对挂牌初费和挂牌年费予以全免
2015 年	"减轻民族自治地区挂牌公司费用负担"的相关政策	对少数民族地区制定了费用暂免措施，对注册在内蒙古、广西、西藏、宁夏和新疆 5 个民族自治地区的公司挂牌费用全部暂免
2017 年	证监会与新疆《关于发挥资本市场作用进一步支持新疆经济社会发展的战略合作协议》	新疆企业首发上市、新三板挂牌享受"即报即审、审过即发"绿色通道政策，即在不降低标准的条件下，给予新疆企业上市、发行、挂牌优先支持

2. 证监会出台的服务脱贫攻坚相关政策

（1）鼓励资本市场扶贫的方向性指导意见

2014 年、2016 年，人民银行、证监会等七部门先后联合出台《关于全面做好扶贫开发金融服务工作的指导意见》《关于金融助推脱贫攻坚的实施意见》，对利用多层次资本市场拓展贫困地区融资渠道提出方向性的指导意见：一是进一步优化主板、中小企业板、创业板市场的制度安排，支持符合条件的贫困地区企业首次公开发行股票并上市，鼓励已上市企业通过公开增发、定向增发、配股等方式进行再融资，支持已上市企业利用资本市场进行并购重组实现整体上市。二是鼓励和支持贫困地区符合条件的企业发行企业债券、公司债券、短期融资券、中期票据、项目收益票据、区域集优债券等债务融资工具。三是支持期货交易所研究上市具有中西部贫困地区特色的期货产品，引导中西部贫困地区利用期货市场套期保值和风险管理。四是加大私募股权投资基金、风险投资基金等产品创新力度，支持各级政府建立扶贫产业基金，充分利用全国中小企业股份转让系统和区域性股权市场挂牌、股份转让功能。五是支持、鼓励和引导证券、期货、保险、信托、租赁等金融机构在贫困地区设立分支机构，扩大业务覆盖面。

（2）出台支持资本市场服务国家脱贫攻坚战略的具体政策

2016 年，证监会发布《关于发挥资本市场作用服务国家脱贫攻坚战略的意见》，不仅从战略高度提出资本市场服务国家脱贫攻坚战略的总体要求，还细化资本市场服务国家脱贫攻坚战略的各项政策，是证监会出台的关于资本市场服务脱贫攻坚的标志性文件。一是提高认识，积极探索资本市场的普惠金融功能与机制，加强政策引导，着力精准扶贫。二是支持贫困地区企业利用多层次资本市场融资。对注册地和主要生产经营地均在贫困地区且开展生产经营满三年、缴纳所得税满三年的企业，或者注册地在贫困地区、最近一年在贫困地区缴纳所得税不低于 2000 万元且承诺上市后三年内不变更注册地的企业，申请首次公开发行股票并上市的，适用"即报即审、审过即发"政策。对注册地在贫困地区的企业申请在全国中小企业股份转让系统挂牌的，实行"专人对接、专项审核"，适用"即报即审、审过即挂"政策，减免挂牌初费。对注册地在贫困地区的企业发行公司债、资产支持证券的，实行"专人对接、专项审核"，适用"即报即审"政策。三是支持和鼓励上市公司服务国家脱贫攻坚战略。鼓励上市公司支持贫困地区的产业发展，支持上市公司对贫困地区的企业开展并购重组。对涉及贫困地区的上市公司并购重组项目，优先安排加快审核；对符合条件的农业产业化龙头企业的并购重组项目，重点支持加快审核。四是支持和鼓励证券基金经营机构服务国家脱贫攻坚战略。鼓励上市公司、证券公司等市场主体设立或参与市场化运作的贫困地区产业投资基金和扶贫公益基金。对积极参与扶贫的私募基金管理机构，将其相关产品备案纳入登记备案绿色通道。五是支持和鼓励期货经营机构服务国家脱贫攻坚战略。支持符合条件的贫困地区优先开展"保险＋期货"试点，提高涉农企业、农民专业合作社等新型农业经营主体化解市场风险的能力，对期货经营机构开展"保险＋期货"试点项目适当减免手续费。支持贫困地区符合条件的仓储企业申请设立交割仓库。六是完善精准扶贫成效的考核体系。各行业协会建立精准扶贫信息统计和评估机制，定期对各市场主体的扶贫工作成效进行考评，统一发布行业精准扶贫的社会责任报告。上海证券交易所、深圳证券交易所和全国中小企业股份转让系统有限责任公司分别对上市公司、挂牌公司履行扶贫社会责任的信息披露制定格式指引，并在年度报告中披露。

（3）涉及资本市场扶贫的其他相关政策

2017 年、2019 年，人民银行、证监会等四部门先后发布《关于金融支持深度贫困地区脱贫攻坚的意见》《关于金融服务乡村振兴的指导意见》（见表 2-3），重申在门槛不降低的前提下，继续对国家级贫困地区和深度贫困地区的企业首次公开募股（IPO）、新三板挂牌、公司债发行、并购重组开辟绿色通道。同时，支持深度贫困地区符合条件的企业通过发行短期融资券、中期票据、扶贫票据、社会效应债券等债务融资工具筹集资金，实行会费减半的优惠。

表 2 - 3   证监会出台支持资本市场服务
国家脱贫攻坚战略的具体政策

时间	政策名	主要内容
2014 年	人民银行、财政部、银监会、证监会等七部门联合发布《关于全面做好扶贫开发金融服务工作的指导意见》	首次提出大力发展多层次资本市场，拓宽贫困地区多元化融资渠道
2016 年	人民银行、证监会等七部门联合印发《关于金融助推脱贫攻坚的实施意见》	提出精准对接脱贫攻坚多元化融资需求、大力推进贫困地区普惠金融发展、充分发挥各类金融机构助推脱贫攻坚主体作用等金融扶贫工作内容，并提出了支持贫困地区的企业通过多层次资本市场进行融资等政策
2016 年	证监会发布《关于发挥资本市场作用服务国家脱贫攻坚战略的意见》	从政策支持、引导行业力量支持、加强定点扶贫支持等方面制定了全面的帮扶措施，资本市场助推脱贫攻坚进入了新的发展阶段
2018 年	人民银行、银监会、证监会、保监会《关于金融支持深度贫困地区脱贫攻坚的意见》	对深度贫困地区加快股票、债券绿色通道审核进度，"专人对接、专项审核"，"即报即审，审过即发"，减免挂牌初费。鼓励上市公司支持深度贫困地区并购重组，加快审核。支持证券经营机构开展专业帮扶。支持发行短期融资券、中期票据、扶贫票据、社会效应债券，实行会费减半的优惠
2019 年	人民银行、银保监会、证监会、财政部、农业农村部联合发布《关于金融服务乡村振兴的指导意见》	支持符合条件的涉农企业在主板、中小板、创业板以及新三板等上市和挂牌融资。鼓励减免中介费用。继续对国家级贫困地区开辟绿色通道的支持力度。健全风险投资的支持力度。鼓励设立乡村振兴投资基金。发挥期货市场价格发现和风险分散功能。丰富农产品期货、期权品种，稳步扩大"保险＋期货"试点，探索"订单农业＋保险＋期货（权）"试点

（三）交易所、行业协会发布的重要指引

1. 交易所发布的重要通知

做好上市公司扶贫工作信息披露。2016 年 12 月，沪深证券交易所在原有社会责任报告指引的基础上，吸纳部分上市公司扶贫社会责任披露的实践经验，发布了《关于进一步完善上市公司扶贫工作信息披露的通知》和《关于做好上市公司扶贫工作信息披露的通知》，全面细化了上市公司扶贫相关社会责任工作的信息披露要求。

明确交易所债券市场扶贫制度安排。2018年5月，沪深证券交易所发布《扶贫专项公司债券融资监管问答》和《扶贫专项公司债券相关问题解答》，明确了交易所债券市场服务脱贫攻坚战略的具体制度安排，指出扶贫专项公司债券既包括注册地在贫困地区的企业所发行的公司债券，又包括发行人注册地不在贫困地区，但募集资金主要用于精准扶贫项目建设、运营、收购，或者偿还精准扶贫项目贷款的公司债券。

2. 行业协会发布的相关文件

证券行业发布结对帮扶贫困县行动倡议，优化完善社会责任履行情况专项评价指标。2016年8月，中国证券业协会发布《助力脱贫攻坚履行社会责任——证券公司"一司一县"结对帮扶贫困县行动倡议书》，倡议每家证券公司至少结对帮扶一个国家级贫困县，进一步发挥行业优势，支持贫困地区经济建设。2017年9月，中国证券业协会发起《推动"一县一企"深化精准扶贫——证券公司服务脱贫攻坚再行动倡议书》，提出证券公司要发挥金融资金的引导和协同作用，因地制宜，因企施策，通过引进产业投资、设立产业扶贫基金、并购重组等方式，至少帮助结对帮扶贫困县内一家企业。

2017年，中国证券业协会首次对129家证券公司2016年度社会责任履行情况进行专项评价，为证券公司分类评价提供参考依据。2018年，中国证券业协会探索制定并优化完善了《证券公司脱贫攻坚等社会责任履行情况专项评价指标》，将券商扶贫承销纳入年度分类评级打分，引导行业加大扶贫力度。在指标设置方面，评价指标设置了"一司一县"帮扶结对、产业扶贫、公益扶贫、所获奖励、其他5个大指标及多个细分小指标，最高可加满1分。

期货行业发布服务国家脱贫攻坚战略的行动倡议，出台指导意见。2016年12月，中国期货业协会发布《期货行业服务国家脱贫攻坚战略行动倡议书》，提出一司一结对，精准抓帮扶，凝聚行业力量，发挥期货行业专业优势服务国家脱贫攻坚战略，激发贫困地区群众内生动力实现脱贫致富创造条件。2017年10月，中国期货业协会发布《关于期货行业履行脱贫攻坚社会责任的意见》，引导期货行业形成精准扶贫行动合力，发挥期货行业精准扶贫专业优势，全面提升期货行业精准扶贫成效。

　　基金业协会发布研究报告和指引，倡导基金行业践行社会责任。2018年11月，中国证券投资基金业协会正式发布《中国上市公司ESG评价体系研究报告》（以下简称《研究报告》）和《绿色投资指引（试行）》（以下简称《指引》）。《研究报告》从我国资本市场实际和绿色发展内在要求出发，构建了衡量上市公司ESG[①]绩效的核心指标体系。《指引》界定了绿色投资的内涵，明确了绿色投资的目标、原则和基本方法。《研究报告》和《指引》的发布（见表2-4），将开启我国ESG投资实践新进程，对推动基金业承担社会责任、服务绿色发展有重要意义。

表2-4　　　　　　　交易所、行业协会出台的工作指引

时间	政策名
2016年	中国期货业协会发布《期货行业服务国家脱贫攻坚战略行动倡议书》
2016年	沪深证券交易所发布了《关于进一步完善上市公司扶贫工作信息披露的通知》和《关于做好上市公司扶贫工作信息披露的通知》
2017年	中国证券业协会发起《推动"一县一企"深化精准扶贫——证券公司服务脱贫攻坚再行动倡议书》
2017年	中国期货业协会发布《关于期货行业履行脱贫攻坚社会责任的意见》
2018年	沪深证券交易所发布《扶贫专项公司债券融资监管问答》和《扶贫专项公司债券相关问题解答》
2018年	中国证券业协会探索制定并优化完善了《证券公司脱贫攻坚等社会责任履行情况专项评价指标》
2018年	中国证券投资基金业协会正式发布《中国上市公司ESG评价体系研究报告》
2018年	中国证券投资基金业协会正式发布《绿色投资指引（试行)》

---

　　① ESG是Environment，Social and Governance，一种关注企业环境、社会和治理绩效的投资理念。

三、资本市场服务脱贫攻坚的总体情况

为全面贯彻党中央、国务院关于脱贫攻坚的战略部署，积极落实证监会关于资本市场服务脱贫攻坚的重要指示，资本市场综合运用股权融资、债券融资、新三板融资、区域性股权市场融资、金融产品保值增值等多层次资本市场融资方式，精准对接贫困地区企业融资需求，多样化拓宽直接融资渠道，积极引导资本市场资源投放到贫困地区，有效拉动贫困地区脱贫致富。

（一）贫困地区企业利用资本市场工具融资的总体情况

据统计，自2016—2018年，证券公司帮助贫困地区企业融资达2026亿元，如表2-5所示。

表2-5　　　　　　　　2016—2018年证券公司
利用资本市场助力贫困地区企业融资情况　　　　单位：亿元

项目	2016年	2017年	2018年	合计
IPO融资	16.45	16.37	31.88	64.70
上市公司股票增发融资	37.19	240.15	5.81	283.15
新三板市场股权融资	35.10	57.75	21.46	114.31
发行债券（含资产支持证券）融资	536.32	322.10	232.12	1090.54
产业基金	27.50	29.33	8.21	65.04
并购重组	174.87	0.35	0.00	175.22
私募股权融资	1.49	63.17	1.43	66.09
其他（如资产管理计划、扶贫专项金融债、区域性股权等）	0.00	92.82	240.81	333.63
合计	828.92	775.00	422.08	2026.00

数据来源：《证券公司履行社会责任情况报告（下）——精准扶贫专题报告》。

2016年融资规模最高，后呈现下滑趋势。据统计（见图2-2），2016年、2017年、2018年三年贫困地区企业融资规模分别为828.92亿元、775.00亿元、422.08亿元。2016年证监会出台资本市场服务国家脱贫攻坚战略具体政策后，政策引导资金流向贫困地区的效果良好，当年的融资规模处于较高水平。值得注意的是，2017年、2018年贫困地区企

业的融资规模连续下滑，"绿色通道"政策的吸引力有所下降。

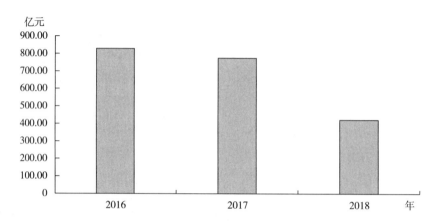

图 2 - 2   2016—2018 年贫困地区企业利用资本市场融资情况

债券融资工具发挥的作用最为突出。对 2016—2018 年这 3 年贫困地区企业融资的结构进行分析（见图 2 - 3、图 2 - 4），发现在各类资本市场工具中规模最大、占比最高的为债券融资，其 3 年来的融资规模高达 1090.54 亿元，占据所有资本市场工具融资规模的 54%。贫困地区企业的 IPO 和再融资也发挥较好作用，3 年来的融资规模为 347.85 亿元，占

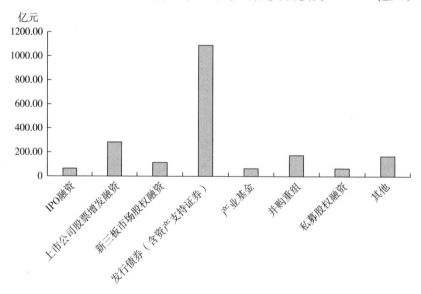

图 2 - 3   2016—2018 年贫困地区企业利用各类资本市场工具融资情况

比为17%。

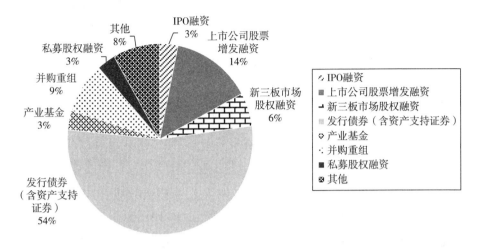

图 2 – 4　2016—2018 年贫困地区企业利用各类资本市场工具融资情况

（二）股权市场助力脱贫攻坚的情况

贫困地区虽然经济发展滞后，但独特的自然资源优势和产业政策优势也孕育了一批要素禀赋较好、盈利能力较强、具有发展潜力的企业。

1. 利用主板市场扶持贫困地区企业首次公开发行股票并上市融资

2016 年，证监会对申请首次公开发行股票并上市的贫困地区企业出台"绿色通道"政策。据证监会统计，截至 2019 年末，已有 14 家贫困地区的企业通过绿色通道实现 IPO，累计融资 79 亿元，此外，还有近 70 家贫困地区的拟上市企业正在筹备上市工作。其中，2019 年 3 家贫困地区企业首发上市，募集资金 25.16 亿元，和远气体等 3 家企业通过发行审核。贫困地区企业通过 IPO 融资上市辅导，能够进一步规范公司治理，拓宽直接融资渠道，带动当地优势资源产业化、规模化发展。

2. 利用主板市场扶持贫困地区企业再融资

2016 年，证监会对符合条件的贫困地区上市公司再融资给予适当支持。据证券业协会统计，2016—2019 年，贫困地区上市公司开展的股票增发融资项目的融资金额为 342 亿元。其中，2019 年贫困地区上市公司股票增发融资 58.85 亿元。贫困地区上市企业作为当地的明星企业，为当地贡献较高的财政收入，创造了大量的就业机会，通过股票增发等再融资项目，能够有效降低企业的资产负债率，优化财务结构，提升抗风险能力，提升公司经营业绩及整体效益；拓宽融资渠道，提升融资效率，满足业务发展的资金需求；继续贡献财政收入和就业机会，进一步带动当地支柱产业发展。

3. 利用新三板市场扶持贫困地区企业挂牌融资

2016 年，证监会对注册地在贫困地区的企业申请在全国中小企业股份转让系统挂牌的，实行绿色通道政策，减免挂牌初费。据证监会统计，截至 2019 年 8 月末，新三板市场累计服务贫困地区的挂牌公司 315 家，涉及 22 省的 179 个县区，累计减免挂牌费用约 5000 万元；169 家贫困地区企业在新三板实施股权融资，涉及金额约 200 亿元。2019 年，7 家贫困地区企业在新三板挂牌，17 家挂牌公司融资 5.81 亿元，全年共减免挂牌费用 39 万元。新三板挂牌不仅促进企业自身的法人治理和财务规范得到明显改善，经营机制焕发新的活力，经营效益逐步提升，进一步拓宽了融资渠道，还推动贫困地区产业发展，带动贫困人口就业，增加当地政府财政收入，对推动贫困地区产业转型升级具有促进作用。

4. 通过区域性股权交易市场精准匹配贫困企业融资需求

作为多层次资本市场体系的"塔基"，区域性股权交易市场具有门槛相对较低、服务方式较为灵活等特点，是规范培育企业主体、助力企业融资融智的普惠金融服务平台，能够为贫困地区中小微企业提供个性化、多样化的资本市场融资服务。据证券业协会的公开数据，2019 年，贫困地区企业通过区域性股权市场融资 27.43 亿元，进一步拓宽了贫困地区中小微企业融资渠道。区域性股权交易市场帮助企业增强发展的内生动力，带动各贫困县的资源转化，帮助更多贫困人口解决就业、稳定增收。

（三）债券市场助力脱贫攻坚的总体情况

2016 年，证监会对注册地在贫困地区的企业发行公司债、资产支持证券的，实行"绿色通道"政策。结合贫困地区资源禀赋，证券公司不断创新融资方式，为贫困地区开发扶贫债、扶贫资产支持证券等金融产品，发挥债券特性和作用，拓宽扶贫资金来源，实现扶贫模式由国家"输血"向地方"造血"转变。根据证监会统计，截至 2019 年 8 月，全国范围内累计发行扶贫公司债及资产支持证券 79 只，累计发行规模为 407 亿元。2019 年，交易所市场累计发行扶贫债 25 只，金额 170.74 亿元，发行扶贫资产证券化项目 4 单，规模 20 亿元。债券市场的发行人覆盖贵州省、安徽省、湖南省、重庆市、四川省、广西壮族自治区、云南省等多个经济欠发达地区，募集资金用途涵盖易地扶贫搬迁、贫困地区基础设施建设、棚户区改造、特色产业发展、绿色生态扶贫建设等领域，从不同领域支持了贫困地区因地制宜发展特色产业。

（四）期货行业参与脱贫攻坚的总体情况

2016 年，"保险＋期货"保障模式首次写进中央 1 号文件后，连续 4 年写进该文件。证监会支持符合条件的贫困地区优先开展"保险＋期货"试点，对期货经营机构开展"保险＋期货"试点项目适当减免手续费。近 3 年多来，大连、郑州、上海 3 家商品期货交易所提供主要资金支持，50 家期货公司和 12 家保险公司合作，共在 23 个省（市、自治区）开展了 249 个试点项目。其中，2019 年共立项 128 个，涵盖大豆、玉米、鸡蛋、豆粕、白糖、苹果、红枣、天然橡胶 8 个品种，3 家商品期货交易所支持资金约 4.1 亿元，较上年增长 51%，承保现货规模约 339 万吨，其中 62 个项目涉及国家级贫困县，43 个贫困县 15.77 万户贫困户从中受益。经过不断完善和推广，贫困地区"保险＋期货"试点效果逐步凸显，有效利用期货市场价格发现和对冲风险机制，完善传统的再保机制，在贫困地区农民最需要稳定收入的时间窗口为其提供保障，成为促进贫困地区农业发展、农民增收和防灾减损的重要措施。

（五）产业基金参与脱贫攻坚的情况

中共中央、国务院鼓励上市公司、证券公司等市场主体设立或参与市场化运作的贫困地区产业投资基金和扶贫公益基金，证监会对积极参与扶贫的私募基金管理机构，将其相关产品备案纳入登记备案绿色通道。

据统计，截至 2018 年底，共有 21 家证券公司以自主或参与的方式设立扶贫产业基金，涉及产业基金项目超过 40 个（见附表）。截至 2019 年底，共有 13 家公募基金管理公司设立了慈善基金会，15 家基金机构设立了专项扶贫基金，2019 年共对外慈善捐赠 3046 万元。同时，中国证券投资基金业协会推动 35 家基金机构设立"基金行业扶贫公益联席会"，3 年来累计投入扶贫资金 1.66 亿元，其中 2019 年投入约 2400 万元。扶贫产业基金主要用于支持贫困地区经济产业发展，吸引更多的投资机构和上市公司对贫困地区优质企业进行投资，支持深度贫困地区的重点产业及上下游企业发展，助力深度贫困地区基础设施建设等。

四、与资本市场相关的各类机构对口扶贫

与资本市场密切相关的各类机构，包括证监会、证券投资基金业协会、证券公司、公募基金公司、私募基金公司、期货公司、信托公司、上市公司等，都积极投入扶贫攻坚大业中，利用各自背景资源优势对口支援贫困地区，为贫困地区脱贫致富提供了极大帮助，具有深远意义。

（一）证监会带头参与扶贫工作

证监会高度重视定点扶贫工作，指导各单位成立了扶贫工作领导小组，制订了工作方案，完善了扶贫工作机制，于 1998 年 9 月开始参与定点扶贫工作，目前帮扶 6 个省区 9 个县，包括河南省兰考和桐柏县，山西省隰县和汾西县，安徽省宿松县和太湖县，甘肃省武山县，陕西省延长县，新疆麦盖提县，同时证监会机关和大商所还帮扶了江西赣州南康区和甘肃天水秦安县，对口帮扶县的数量较多。河南兰考县 2017 年 2 月 27 日在全国率先实现脱贫，兑现了 2014 年向习近平总书记作出的"三年脱贫"的庄严承诺。安徽太湖县集友股份在上交所发行上市，成为当地第一家上市公司和首家国家贫困地区"绿色通道"上市企业。山西隰县与上市公司合作，通过"公司＋基地＋农户"模式实施玉露香梨产业脱贫项目并开辟电商扶贫特产馆。山西汾西县在证券投资基金业协会支持下设立"汾西县产业扶贫投资基金"并实施 8 个乡镇级光伏农场项

目。陕西延长县积极对接期货业协会以及 25 家期货公司，实施"一司一产"精准帮扶计划，在全县实施 34 个产业扶贫项目，其中苹果产业 14 个、蔬菜产业 7 个、畜禽养殖产业 2 个、菌草种植产业 2 个和特色产业 8 个，帮扶贫困户 864 户 1975 人。河南桐柏县在郑州商品交易所帮扶下开展"基层（乡镇和村）医疗卫生机构医疗设备支持项目"，涵盖全县 15 个乡镇和行政村，每年至少解决乡镇 38 万人的基本公共卫生服务。甘肃武山县与深交所、建设银行合作启动"深银通"项目，对 20 余家企业贷款提供增信，新增流动资金贷款 6000 余万元。安徽宿松县在上交所支持下成立小额扶贫风险补偿基金，助推当地产业发展。新疆麦盖提县通过培育壮大刀郎庄园股份有限公司，形成"捐赠—投资—收益—分红—扶贫"模式。此外，新疆、西藏、宁夏、甘肃、云南、江西等 18 个地区的证监局也积极承担扶贫任务。

总之，证监会定点扶贫工作以改善民生为抓手，围绕当地老百姓最关心、最迫切的产业项目和民生工程等领域，实施逾百个帮扶项目，通过开展产业扶贫、教育扶贫、健康扶贫，拓宽发展思路，推动了当地经济社会发展，得到当地干部群众的高度评价和国务院扶贫办的充分肯定。

（二）交易所积极参与扶贫工作

上交所自 2013 年起，承担了国家级贫困县——安徽省宿松县的定点扶贫攻坚任务。6 年来，上交所逐年增加扶贫投入，2016—2018 年已累计投入扶贫资金 2860.84 万元，在宿松县实施了金融扶贫、产业扶贫、智力扶贫、公益扶贫等共 17 项扶贫工程。2019 年 4 月，宿松通过脱贫验收，如期实现脱贫摘帽。上交所帮助当地企业对接资本市场，利用反向吸并等相关工具，推动红爱服饰等 3 家拟上市企业开展股改工作。推动酷米智能科技等 3 家拟上市企业开展上市挂牌工作，其中酷米智能科技已完成辅导备案，淘礼网已正式向港交所递交材料。组织 3 场股票发行上市"绿色通道"专题培训和投资者公开课，共计 450 余人次参加，向当地企业及投资者解读资本市场扶贫政策和融资方式。

深交所于 2013 年 5 月开始对甘肃省武山县、2016 年 7 月开始对新疆维吾尔自治区麦盖提县进行定点帮扶，是证监会系统唯一承担两个贫困县定点帮扶任务的机构。截至目前，深交所为两县直接投入资金 5860 万元，引导市场主体投入资金 13 亿元，武山县、麦盖提县贫困发生率分别下降至 1.53% 和 0.07%，累计减贫 15.5 万人，扶贫工作取得显著成效。2019 年 6 月武山县顺利通过脱贫验收，麦盖提县于 2019 年年底实现脱贫摘帽。

（三）中国证券投资基金业协会助推脱贫攻坚

协会自 2016 年代表基金行业定点帮扶国家级贫困县山西省汾西县以来，针对汾西贫困人口多、贫困发生率高、产业基础薄弱的现实情况，深入调研分析县情、贫情，研究制定了"洪昌养殖项目产业示范、产业扶贫基金开发引领、光伏农场扶贫托底"的扶贫规划，组织包括私募机构在内的行业力量实施了一系列专业帮扶、精准帮扶举措，从县、乡、村三个层面打出了一套产业扶贫、金融扶贫、消费扶贫、教育扶贫、公益扶贫组合拳，实现了"输血"与"造血"相结合，有力支持了汾西脱贫攻坚事业。协会和行业帮扶汾西 3 年来，汾西累计退出贫困户 8612 户 23741 人，约占全县脱贫人口的 60%。目前，汾西剩余贫困人口 211 户 509 人，贫困发生率从 2014 年的 33.7% 下降到 0.42%，顺利完成贫困县退出专项评估，正式摘掉了国家级贫困县的"穷帽子"。

（四）证券期货类各家公司成为脱贫攻坚的主力

截至 2019 年 8 月，101 家证券公司结对帮扶 285 个国家级贫困县，覆盖 34% 的国家级贫困县；其中，70 家证券公司结对帮扶 106 个深度贫困地区，覆盖 32% 的深度贫困县。根据国务院扶贫办验收数据，截至 2017 年底，全国共有 153 个贫困县实现脱贫摘帽，其中，35 家证券公司结对帮扶的 38 个贫困县实现脱贫摘帽。如中信证券与江西革命老区会昌县签订了"一司一县"结对帮扶协议。还通过下属直投子公司向江西会昌石磊氟材公司投资 999 万元，同时带动其他投资者一起为该企业实现 1.08 亿元的股权融资，着力帮助其产业整合、加强研发能力、扩大生产规模，做大做强主业。2017 年和 2018 年共计捐资 593.638 万元帮助会昌县下营村和南星村建设了光伏一期二期发电项目。两个项目总装机容量913.4千瓦，已于2018年底前并网发电。预计今后25年年均发电100万度（年均收益85万元）。又如，浙商证券和安徽岳西县结对，立足贫困县资源和产业基础，为特色产业发展服务，推动农业、林业产业化发展，帮助对接中国金融扶贫综合服务平台，让农产品走出山村。引荐浙江昆仑控股投资岳西；采用消费扶贫，委托商家向贫困农户保底价格收购农特产品。2017年元旦伊始，浙商证券携华东林交所与岳西县的关于华东林交所皖西南商品交易中心签订了协议，助力当地农户和企业的发展。浙商证券还出资40万元与华东林权产业交易所共同设立岳西县的华东林交所一点碳汇在岳西县挂牌落地。通过林业与金融互通对接，实现林业"资源变资产变资本"，"叶子变票子，林权证变信用卡"，在此基础上浙商证券将帮助岳西尝试发行政府绿色债券，落实习近平总书记提出的"绿水青山就是金山银山"的理念。

五、进一步推进资本市场服务脱贫攻坚的几点建议

资本市场各参与主体在脱贫攻坚过程中发挥重要作用。监管部门积极探索发挥资本市场优势服务脱贫攻坚的制度机制和办法举措，持续强化政策引导，鼓励各类资本市场金融机构参与扶贫攻坚；交易所、行业协会做好自身的帮扶工作，推动证券、期货公司发挥专业优势助力脱贫攻坚；证券公司注重利用各类证券工具或移植其他地区金融供给模式来支持贫困地区发展；期货公司稳妥有序推广"保险＋期货"模式，积极帮助农户实现套期保值。

然而，资本市场服务脱贫攻坚也存在一些问题有待解决，各方参与主体需要从以下几个方面入手进行改进：

一是监管部门方面，在A股审核和债券审批速度加快的背景下，"绿色通道"政策的吸引力有所下降，建议改进新三板挂牌及IPO"绿色通道"的政策及执行；由于贫困地区企业和项目资质一般，产品顺利的设计和通过发行审批后，债券投资者的积极性不高，建议监管部门出台

优惠政策提高投资者的认购热情；贫困地区企业通过各类资本市场工具筹集资金后，难以确保扶贫资金真正扶贫项目、帮扶贫困人口，建议强化对债券融资后扶贫资金用途的监测。

二是证券公司方面，资本市场扶贫的本质是为贫困地区优势产业发展筹集资金，撬动社会资本流向贫困地区，提升贫困地区的造血能力，建议证券公司注重撬动先进的技术、管理理念、人才等进入贫困地区；贫困地区扶贫债券的设计是重点、更是难点，既要满足发行者的需求，又要保障投资者的收益，建议证券公司平衡好扶贫产品的专业化设计和公益化属性。

三是贫困地区企业方面，通过 IPO、新三板挂牌等项目的贫困地区企业，建议注重提升企业自身的规范治理能力和持续发展能力，以产业扶贫带动整体脱贫；通过发行扶贫债券项目的企业，建议注重改善贫困地区基础设施、加强对特色产业的支持。

四是对于"期货＋保险"项目，"保险＋期货"项目保费成本较高、来源单一，建议充分发挥地方政府作用，推动银行、龙头企业等各方加入该模式，以丰富保费来源；"保险＋期货"项目中保险公司和期货公司的权责划分不清，影响两者发挥合力共同开发产品和研究交易方式，建议进一步明晰保险公司和期货公司的权责划分。

第三章 利用多层次股权市场服务脱贫攻坚

股权市场助力脱贫攻坚战，是我国资本市场服务实体经济和国家战略的一场伟大实践创新，它扭转了长期以来资本市场大多服务于中高端群体而普惠性不足的固有认识，也为其他国家提供了宝贵的中国经验。

一、多层次股权市场参与脱贫攻坚的路径与绩效

2003年10月，党的十六届三中全会首次明确提出"建立多层次资本市场体系"，从那时到党的十九大，中央一直在反复强调多层次资本市场的重要性。经过多年的发展，我国已经初步建立了多层次的股权市场，大体由场内市场和场外市场两部分构成，场内市场包含主板、创业板和科创板，场外市场包括全国中小企业股份转让系统（新三板）、区域性股权交易市场（新四板），如图3-1所示。

中国已经建立起一个比较完善的多层次股权市场，而且无论从上市公司数量、交易额、市值等指标对比，中国多层次股权市场已经稳居全球资本市场前列，对中国经济发展发挥越来越重要的作用。

（一）挂牌或上市前，机构投资者对贫困地区企业进行股权投资

贫困区域企业在挂牌（在场外市场交易）或上市（在场内市场交易）之前，吸引以私募股权投资基金为代表的各类机构投资者投资，是多层次股权市场参与脱贫的主要途径。

图 3-1 多层次股权市场的结构

广义范畴的私募股权投资（Private Equity, PE）基金是以投资非公众公司（非挂牌或非上市）企业为主的投资基金，在中国发展迅猛已经成为中国金融体系里非常重要的组成部分。从中国证券投资基金业协会（以下简称"基金协会"）网站数据可知，到 2020 年 9 月底，中国备案的私募股权投资基金共有 28987 只，基金管理总规模 94200.15 亿元，备案的创业投资基金（也属于广义范畴私募股权投资基金）共有 9541 只，管理规模 15364.87 亿元，如表 3-1 所示。

表 3-1　　中国备案的私募股权投资情况（截至 2020 年 9 月底）

基金类型	基金数量（只）	基金规模（亿元）
私募证券投资基金	50256	36659.35
私募股权投资基金	28987	94200.15
创业投资基金	9541	15364.87
私募资产配置基金	9	8.76
其他私募投资基金	3005	11961.40
合　计	91798	158194.53

另外，中国还有至少 2 万家企业成立了私募股权投资子公司，用自有资金进行 PE 投资，假设每家平均投资规模 1 亿元，这类未备案（用自有资金进行投资不从社会融资的基金不需要到协会备案）私募股权投

资基金规模也至少有 2 万亿元。因此，目前中国至少有 12.9 万亿元的私募股权投资基金规模。

1. 私募股权投资基金参与扶贫

截至 2019 年 8 月，在协会备案的扶贫方向私募产品 73 只、规模超过 1571 亿元，为贫困地区的经济发展注入源源不断的资本活水。

陕西供销知守基金管理有限公司成立于 2015 年 12 月，发起设立和管理全国供销总社、财政部试点的产业基金——陕西供销合作发展基金。2016 年供销知守基金管理公司在陕西省产业精准扶贫攻坚战中做了一些具体工作，并取得了一定的成绩。据了解，供销知守基金管理公司是国内首个在产业精准扶贫领域展开实质性工作的股权投资基金管理公司。该基金 2016 年完成 13 家产业精准扶贫类企业和 4 家战略新兴产业项目，累计投资额 1.5 亿元，扶贫类总投资占比 85%，切实解决了如韩城金太阳、靖边惠利园、洋县双亚等企业农产品原料收储、营销渠道建设、基础设施完善、流动资金不足等方面的困难。

2. 私募股权投资基金及其他专业机构为何对贫困地区企业积极投资

（1）受到证监会"绿色通道政策"鼓舞。自 2016 年 9 月 9 日起，中国证监会发布了《关于发挥资本市场作用服务国家脱贫攻坚战略的意见》，对贫困地区企业首次公开发行股票、挂牌新三板、发行债券、并购重组等开辟绿色通道。符合条件的企业可适用"即报即审、审过即发"的政策，为 IPO 提速开辟了一条新捷径。IPO "绿色通道"政策出台后，国内各 PE 基金大受鼓舞，纷纷主动开拓市场，深入原来几乎不怎么去的中西部经济落后地区去"挖宝"投资。在目前中国常年保持 500 家左右排队等待上市企业的背景下，贫困地区的"绿色通道"对平均存续期只有 5 年左右的中国大部分 PE 基金而言具有极大吸引力。

（2）项目竞争不激烈，企业估值合理。在沿海或经济发达区域，一个好企业往往引来诸多 PE 基金的热抢，价格会被炒得很高。而在贫困地区的企业一般位置较偏交通不便，PE 关注度很少。所以到这些贫困地区的企业几乎没有什么机构参与竞标，因而价格也相对合理。

（3）贫困地区各级政府的大力支持。在许多贫困地区，一个企业净利润1000万元就可以得到当地主要政府各部门的高度重视和扶持，而在沿海发达地区1000万元净利润的公司到处都是，不会引起当地政府的重视。因此，PE基金投资贫困地区一家优秀企业后不光企业会得到地方政府的更高层面的关注与帮扶，对于投资基金也有一些针对性的优惠政策予以鼓励。

（4）一些贫困区域具有特殊税收优惠政策。中国一些贫困地区位于少数民族地区或特殊革命老区，因而能享受独特的企业所得税等各类税收优惠政策，这也会吸引机构投资者来投资。

（二）贫困地区企业在多层次股权市场直接发行股票融资

1. 区域性股权交易中心辅助挂牌前的贫困地区企业融资

区域性股权交易中心处于多层次股权市场的最下层，它虽然交易不活跃，但对于许多初创型或成长初期的贫困地区企业而言，能起到一定的规范运作及适度融资的作用。

由于国内新三板的挂牌门槛在逐步提高，如果一家企业的净利润低于1000万元，就很难找到券商来辅助它挂牌新三板，在这种背景下区域性股权交易中心的作用自然体现出来。例如，长江证券在全国20多个县市推荐了1300多家企业在全国中小企业股份转让系统、区域性股权交易市场挂牌，其中推荐国家级贫困地区挂牌企业335家。长江证券通过长期的"深耕"与"精耕"，打造贫困地区特色板块，助推当地产业升级。长江证券推荐了位于大别山革命老区的黄冈市红安县在内的23家企业，挂牌武汉股权托管交易中心"黄冈大别山扶贫板块"，成为全国区域性股权市场首个资本市场扶贫专板，涉及就业4680人，其中约40%为贫困人口，并通过工业转化地方特色资源禀赋的产品30多种，切实帮助老区群众增产增收，有效促进了红安等贫困县的脱贫。截至2019年8月底，已有来自全省贫困县的1120家企业在武汉股权托管交易中心挂牌，累计为81家贫困地区企业完成股权融资33.93亿元。

2. 新三板服务贫困地区企业挂牌融资

场外市场的主战场是新三板。截至 2019 年 8 月底，新三板累计服务贫困地区挂牌公司 315 家，其中创新层企业占比约 10%；服务的贫困地区覆盖了全国 22 个省份、197 个区县；涉及 15 个门类行业。经统计，5 年来累计减免贫困地区、民族地区公司挂牌费用超过 5000 万元。

一方面，机构投资者没有太多精力去挖掘贫困地区有潜力的企业。许多机构不愿投入太多精力到广阔中西部贫困地区来寻找挂牌前企业，这样性价比太低。即便找到合适投资的标的，这些贫困地区企业往往都是公司治理、财务或法律等方面存在较为严重的不规范问题，需要投资机构花费时间精力去帮助企业整改。而当这些企业挂牌到新三板后，其 300 ~ 400 页的股份转让说明书可让机构投资者对这些企业先进行深入的书面研究，发现好的标的后再实地考察谈判，投资效率就会大幅提高。

另一方面，贫困地区企业自我宣传能力较弱。贫困地区，企业很难融资的重要原因就是缺乏好的宣传推广平台，而挂牌新三板就像在资本市场的池塘里挂上了"鱼饵"，等待各路投资者"上钩"。因此，新三板对中国贫困地区企业吸引股权资本具有非常重要的作用，应该继续加大贫困地区企业挂牌的规模。

截至 2019 年 8 月底，169 家贫困地区挂牌公司在新三板完成股票发行，融资 198.63 亿元；贫困地区挂牌公司通过融资，优化了公司财务结构，提升了创新发展能力。

3. 贫困地区企业在场内股权市场融资

证监会 IPO 绿色通道政策推出后，多家贫困地区企业陆续在上交所和深交所上市，募集了大量宝贵资金用于贫困地区经济建设。

（1）借助 IPO"绿色通道"，贫困地区企业上市募集资金

截至 2019 年底，贫困地区企业通过发行审核和首发上市 14 家，融资金额 79 亿元，1235 家上市公司投入扶贫资金 256.69 亿元，惠及 123 多万户贫困户。表 3 - 5 是贫困地区企业 IPO 募集资金情况，平均募集资金在 5 亿 ~ 6 亿元，对于一个国家级贫困地区，这 5 亿 ~ 6 亿元股本资金

可以带来银行配套贷款资金 7 亿~8 亿元，因此一个 IPO 就可以让一个国家级贫困地区新增 12 亿~14 亿元资金，通过募集资金的建成又可以带来当地就业、税收和财政收入的增长，极大地推动地方经济的发展。有些贫困地区可能会因为一个龙头企业上市而带动整个区域产业发展并因此脱贫致富。

（2）贫困地区企业挂牌或上市带动就业和税收增长形成良性循环

贫困地区企业上市可以对当地就业及税收带来显著增长，即便挂牌新三板，这种就业和税收增长效应也非常明显。选择 18 家贫困地区挂牌公司，对其挂牌前后员工人数和支付税费比例做了统计，从中可以看到绝大部分企业的员工人数和上缴税费都有明显增长。

根据课题调研，许多贫困地区企业老板以前从没有引进外部股东及挂牌或上市计划，相当比例的企业会想各种办法来不交或少交增值税、所得税等各种税费。而企业挂牌新三板或上市的前提就是企业必须财务规范，把真实利润体现在报表上，自然以前少交的各种税费都会浮出水面。

另外，许多贫困地区所在地省市县三级政府都出台了鼓励企业挂牌新三板或上市的奖励政策，一个新三板企业挂牌平均获得现金奖励在200 万元左右，一个企业上市成功获得各级政府现金奖励平均在 1000 万元左右。地方政府这些鼓励企业挂牌或上市的奖励通过企业多交的各种税费很快就可以回收。这样就能形成一个良性循环：企业挂牌上市多交税收—地方政府补贴现金—企业财务法律运作规范和减少违规违法风险成本—企业进入良性发展通道—地方就业财政收入进一步提高—给企业挂牌上市的奖励力度进一步加大……

2018 年年报显示，贫困地区挂牌公司总资产合计 1131.64 亿元，同比增长 8.38%；净资产合计 519.14 亿元，同比增长 6.85%；营业收入合计 505.48 亿元，同比增长 8.94%；研发费用合计 8.72 亿元，同比增长 23.99%。2018 年，贫困地区挂牌公司所得税缴纳合计 4.91 亿元，员工总人数 5.56 万人，人均贡献营收高达 90.92 万元，人均工资约 8.35

万元，为带动当地经济、保障人员就业、增加居民收入发挥了积极作用。

（三）贫困地区企业通过多层次股权市场进行产业并购整合

中国贫困地区大多是以农业及农产品加工为主要支柱产业，并围绕当地特色农产品形成一个个小的产业集群，如"苹果之乡""绵羊之乡"等。这些产业集聚区的特点是存在大量分散种植养殖户以及配套的一些深加工企业，从而形成"公司＋农户"的产业格局。每个产业集聚区基本都会有几家规模最大的省级或国家级"农业产业化龙头企业"，他们利用多层次股权市场成功融资后，可以利用资金优势和资本市场换股收购平台的优势进行产业整合，并购当地及周边地区的上下游产业链企业，成为所在贫困地区的产业领军企业，并带动当地经济发展和脱贫致富。另外，贫困地区企业也可以吸引国内优秀上市公司或大型央企及产业集团来并购整合。

截至 2019 年 8 月，新三板贫困地区有 19 家公司完成并购重组，交易金额合计 23.61 亿元。2016 年来，新疆、西藏等西部 12 个省、市、自治区上市公司发生并购重组 269 单，交易金额 1732.67 亿元。

以云南为例。云南证监局积极推动云南优势上市公司并购贫困地区企业成效显著。云南铜业投入非公开发行股票募集资金 14.39 亿元用于收购位于迪庆藏族自治州的云南迪庆有色金属有限责任公司部分股权，为进一步开发利用当地铜矿资源提供了有力支持；川金诺通过非公开发行股票募集资金 1.54 亿元，用于所在地昆明市东川区的上市公司技改项目；云南能投非公开发行股份购买在马龙、大姚、会泽、泸西等地有关公司股权，交易金额 13.7 亿元；云铝股份非公开发行股票获中国证监会审核通过，拟投入募集资金 26 亿元用于地处国家级深度贫困地区的昭通水电铝项目和文山铝土矿项目，加快由"输血"式扶贫向"造血"式扶贫转变，不断增强贫困地区自我发展能力。

（四）"绿色通道"政策激励一些优秀企业迁址或新设基金落户贫困地区

在加大对口帮扶力度推进脱贫攻坚社会责任感驱动下，在证监会的"绿色通道"政策鼓舞下，一些沿海发达地区的优秀企业家从社会贡献和经济利益角度综合考虑把拟上市公司注册地迁址到国家级贫困地区。

1. 上市企业迁址贫困地区

近年来，一批有社会责任感上市企业投资落户贫困地区。比如，上海证券交易所发挥广泛联系上市公司的优势，引入中安智创等企业投资落户安徽宿松县，招商引资额近 20 亿元，改善宿松产业结构，帮助宿松做大电子信息主导产业、做优纺织和现代农业。

2. 新基金落户贫困地区

近几年中国一些有社会责任感的基金管理公司也纷纷到贫困地区注册设立股权投资基金。

3. 通过迁址或落户，提升贫困地区现代金融运作知识和水平

对贫困县而言，脱贫是首要目标。如果通过证监会的扶贫政策让部分发达地区企业迁址或嫁接贫困县企业实现弯道超车尽快上市，优秀企业迁址或新基金落户会给贫困地区带来宝贵的产业、资金、技术、信息或人才资源，对当地脱贫攻坚提供直接有力的帮助。

一是这种迁址或落户把现代技术、管理、人才和理念带到贫困地区。这种迁址或落户，除了经济上能立竿见影地帮助贫困县之外，更大的意义是让发达地区企业通过落户把当今世界先进的技术、管理、人才和理念带到贫困县，通过树标杆学先进的方式逐步带动贫困县地区企业家的观念升级、技术升级和管理升级。一个优秀企业落户贫困县到上报材料再到上市后锁定三年不迁址意味着该企业将在一个贫困县至少要扎根5~6年时间，如果一个贫困县能有 3 家这样的公司先后落户并上市，对提高当地企业家和政府官员的视野、格局、经济及管理水平等都将意义重大！因为 IPO 扶贫政策，原来不愿到偏远地区艰苦环境考察项目的中国上万家 PE 开始从北上广深的高楼大厦里走出来，翻山越岭去这些贫困县挖掘投资机会，和当地企业家、政府官员深入交流。这个交流过程本身就是对贫困县的巨大帮助，可以让当地

企业家和官员迅速开拓视野了解学习当今各行各业的最新发展态势和竞争格局，对自己企业和自己县的产品发展方向和产业发展选择都会有重要参考价值。

二是许多结对帮扶贫困县的交易所、证券公司等金融机构都在扶贫时重视进行金融知识的普及教育。这些培训教育都极大地提高了贫困地区政府官员、企业家及老百姓的金融基本知识，对于他们改变思维模式、提高现代金融运作水平、提防金融诈骗、运用金融知识脱贫攻坚等都发挥了重要作用。例如，上交所3年来，上交所主动走访了安徽安庆、河南兰考、贵州黄平等40余个贫困县，走访拟上市企业80余次。在西藏、新疆、江西等地举办资本市场相关培训共53场。在宿松县开设脱贫大讲堂。举办13次2400余人次参加的集体学习班和读书会，向基层干部培训各地先进发展理念和脱贫经验。又如，东兴证券践行"扶贫先扶智"，在教育扶贫领域重点发力，投入200万元，与中国扶贫基金会携手打造了证券行业首只扶贫培训基金——"兴源惠民扶贫培训教育基金"，专门为贫困地区提供金融、旅游、电商、经管等方面的培训及贫困地区劳动技能培训。2018年5月，东兴证券与中国证券业协会、中国扶贫基金会联手推出"兴源惠民"扶贫培训教育三年计划，拟在扶贫培训领域惠及更多贫困地区干部和贫困人群。"兴源惠民扶贫培训教育基金"是东兴证券创新扶贫工作的成功尝试，也是东兴证券与中国扶贫基金会进一步开展深入合作的"新起点"。再如，方正证券两年来积极开展教育扶贫工作，成立全国30余家金融扶贫工作站、近400名公益讲师前往各贫困县开展投资教育活动近150场，受众2万余人。截至2018年11月，公司在全国各地通过集中授课、考察交流等方式，组织了一系列农村电商、农村金融、乡村振兴、产业扶贫等扶贫能力和金融知识提升培训，参训人数达700人次。

二、关于股权市场参与扶贫的典型案例的总体评述

一是股权市场对贫困地区企业的帮助具有专业性、真实性、可持续

性。市场中的证券公司等市场主体，为注册地在贫困地区的企业提供 IPO、再融资、并购重组以及相关的财务顾问等服务。比如，盘龙药业公司股票在深圳证券交易所中小板成功挂牌上市，成功募集资金 2.17 亿元，为其生产线扩建、研发中心扩建、营销网络扩建及信息系统升级建设等项目建设获得了资金支持。信邦制药上市后，通过并购重组先后参股控股贵州卓大医药有限责任公司、六盘水安居医院有限公司、贵州中康泽爱医疗器械有限公司等多家产业链公司，不断提升公司自身实力和服务社会能力。这些股权市场服务企业的方式形式满足真实性和专业性，是股权市场特有的服务方式。同时，多层次股权市场可以持续为更多的贫困地区企业提供各类股权服务，具有可持续性。

二是股权市场扶贫的核心，是通过专业化手段帮助贫困地区企业做大做优。多层次股权市场参与扶贫，其核心在于帮助贫困地区企业通过财务咨询、资产评估、辅导培育、上市挂牌、再融资、并购重组等方式，获得企业自身发展所需要的外部融资，实现企业借助资本市场的广阔舞台持续发展壮大。

三是股权市场扶贫在帮助贫困地区龙头企业的同时，带动贫困地区整体发展。贫困地区的企业通过股权市场增加投融资的同时，不仅提升了企业发展能力，还带动了贫困地区经济整体发展，包括带动当地就业、增加贫困地区财税收入、吸引外部资金投资、挖掘当地资源禀赋优势、带动地方产业链条延伸发展等多个方面。也就是说，在这个过程中，股权市场的资金更多的是直接服务贫困地区的龙头企业，而不是小额贷款等直接服务于当地居民，然后通过企业发展盘活地方经济。

四是股权市场参与扶贫，能有效地推进贫困地区金融知识教育。许多贫困县缺乏好的正规投资理财途径，沦为金融诈骗的"重灾区"。通过对贫困地区企业的帮扶，能有效落实贫困地区投资者教育工作，引导贫困地区民众树立理性投资理念，帮助贫困地区中小投资者认清本质、远离场外配资与非法证券活动。

五是企业上市挂牌融资后参与扶贫的方式具有多样性，但有的不属于资本市场专业性的研究范畴。多层次资本市场服务当地脱贫攻坚的方式多种多样，并不局限于资本市场的融资手段，有些扶贫方式不再属于资本市场的专业范畴，比如教育扶贫、消费扶贫。另外，贫困地区上市挂牌企业在借助股权市场实现自己发展壮大之后，可以更好地带动当地的经济发展，而这些企业对当地脱贫攻坚的帮扶方式多种多样，有些扶贫方式也不体现资本市场的专业性。比如，华宝股份参与产业扶贫，出资 37 万元在西藏那曲市那曲镇古帕村兴建"华宝奶牛养殖基地"，采取"企业＋合作社＋基地＋牧户"的经营模式，从而增加贫困户现金收入。在此过程中，证券基金期货等资本市场专业中介机构已经不再介入，主要是企业的实体产业投资和与贫困户之间的经济互动。再如，盘龙药业进村结对帮扶，深入贫困村户进行调查，落实精准脱贫措施；通过对贫困户进行职业培训、科学指导，鼓励贫困户提升就业能力、掌握致富技术。这些都是教育扶贫的范畴。

三、股权市场参与脱贫攻坚的主要困境和不足

相对于信贷和保险，证券期货类金融工具在扶贫开发领域尚属"新鲜事物"。中国证监会自 1999 年起开始定点帮扶云南、安徽的 4 个贫困县，但在较长时间里以公益性扶贫为主。2014 年深交所发行的扶贫小额贷款资产支持证券，是证券期货扶贫工具的一个较早应用。2016 年证监会发布《关于资本市场作用服务国家脱贫攻坚战略的意见》后，证券期货扶贫工具开始广泛应用。但也要看到，证券期货经营机构在为贫困地区提供金融服务时，在主观、客观和市场环境等方面均遇到一定困难。主观上，券商在城乡之间网点布局失衡、内在激励不足；客观上，贫困地区的项目质量低、企业治理结构不完善、地理位置偏远；市场环境上，扶贫债券认购不活跃、缺乏担保增信等。具体而言，主要包括以下几个方面：

一是在全国范围内，股权市场和中介机构的总体规模较小、数量不多、力量有限。在金融扶贫方面，大多是作为银行、保险等扶贫主体的

补充。特别是，我国的银行和保险的政策性、开发性机构数量明显多于证券行业，相关金融扶贫工作也开展较早。从现有案例来看，少数证券公司在贫困地区开展金融业务的同时，也实现了一定程度的盈利，但也有较大一部分的证券公司扶贫项目难以达到正常的盈利要求。基金公司的本质属性是代客理财，自身经济能力偏弱，因此服务脱贫攻坚战的力度有限。由公募基金公司发起设立的扶贫基金，首先数量很少，其次规模较小，最后即使是公益性质的扶贫基金也要求一定程度的投资收益。因此，目前基金公司参与脱贫攻坚战所能带来的扶贫效果甚为有限，只能作为其他金融扶贫方式的一个侧面补充。

二是证券基金经营机构在贫困地区缺乏物理网点和专业人员，导致项目储备明显不足。证券公司及其分支机构集中于一、二线城市，至多下沉至经济发达的县城，对"老少边穷"地区的覆盖率极低。在证监会鼓励券商参与金融扶贫之前，券商并无营业网点和专业人员驻扎在贫困地区，难以在短期内发掘和培育上市（挂牌）企业并提供IPO等股权类服务。部分券商曾帮助发达地区拟上市（挂牌）企业迁址贫困地区以降低IPO时间成本，但在实践中，受制于地方税收、GDP考核等因素，企业迁址的行政阻力很大。而且，即使迁址成功也仍需再等至少1年，因此，发达地区企业迁址的积极性并不高。2016年9月至2019年12月，由绿色通道实现IPO的贫困地区企业为14家，仍存有较大的服务空间。

三是为贫困地区企业提供上市挂牌等股权服务的周期长。相较于发达地区，贫困地区涉农企业居多，治理结构不完善，日常大多采用现金交易，财务真实性较难核对。加之证监会要求贫困县项目需要百分百现场核查，因此，券商在为贫困地区企业提供服务时需要进行更多的前期规范性工作。例如，甘肃靖远县新康源生物的财务基础工作薄弱、核算精细化程度低，券商在为其提供新三板挂牌服务时，需要扭转企业股东的落后管理思路；与会计师事务所、律师事务所共同理顺财务、法律等问题并制订解决方案；形成计划表并定时协商，防止企业"拖""等"

"靠"等。在部分贫困地区企业的 IPO 项目中，企业资金相对紧张，在遇到较高资金付出时容易摇摆不定，以至于耽误了问题解决时机和首发上市进程。

四是证券基金机构在贫困地区展业的收益低，主观意愿不强。贫困地区企业和项目的底子薄弱，券商普遍要给予优惠的收费标准；这些企业和项目地处偏远，为其服务时要付出额外的时间和空间成本；贫困地区项目通过发审的概率低，2017 年贫困地区企业 IPO 过会率只有 54%，远低于 80% 左右的平均水平；加上大量额外的前期规范性工作等因素，导致券商在贫困地区展业的成本高、收益低。

从整体来看，股权市场各主体扶贫主要动机中有一定比例源自证券业协会或证监会机构部的考核评价。参与扶贫工作的成绩会与证券公司的考核相挂钩，证券公司就有动力参与扶贫工作。如果离开考核与评价的正向激励，证券公司参与脱贫攻坚战的积极性可能会有所降低。

目前，券商为了激励员工展业，普遍内部实行差异化考核标准，比如一般业务收益率 10% 可以达标，贫困地区 5% 即可。而券商为此展业的内在动力，主要源于《证券公司分类监管规定（2017 修订）》中"社会责任履行情况"的专项评价加分项。该专项指标中涵盖扶贫、绿色、双创、公益等多个维度，对券商开展金融扶贫的激励实则有限。

五是新证券法和注册制背景下，"绿色通道"政策的作用有所弱化。2020 年 3 月新《证券法》实施，中国股票发行"注册制"改革将从现有的科创板逐步覆盖到所有板块。目前一个公司从递交材料到证监会或交易所到发行平均时间基本能够控制在 1 年以内。这就使得贫困地区企业 IPO 的"绿色通道"政策吸引力明显减弱，好企业迁址到贫困地区的意愿大为降低。而在这几年的实际操作中，证监会对贫困地区走"绿色通道"的企业实施严格的审核把关，导致贫困地区申报IPO 企业过会率低于平均过会水平，这也使许多有迁址贫困地区意愿的企业望而却步。

四、多层次股权市场脱贫攻坚政策建议

在中国贫困地区利用多层次股权市场取得了巨大成就的同时，我们也要看到这几年在资本扶贫的实际操作中暴露了一些有待改进的问题。在此，就贫困地区利用多层次股权市场脱贫攻坚提出一些政策建议。

一是发挥优势，加强贫困地区资源投入。作为市场化程度最高、最为活跃的金融市场，资本市场在资金、技术、人才等方面具有优势，能够有效填补贫困地区在这方面的空白，提高贫困地区的市场化水平。股权市场要加强对贫困地区资源的投入，倾斜资金、技术、人才等要素，推动机构、人员下沉到贫困地区，明晰资本市场扶贫的对象，把握资本市场扶贫的重点，选择资质较好、对区域发展影响较大的企业，创新资本市场扶贫的方式，因企因地因类型施策，有序引导各类资本流入贫困地区优质产业项目，通过产业带动贫困农民，通过产业让农民也成为市场的参与者、市场主体。

二是聚焦对象，健全市场化"造血"机制。股权市场扶贫的根源是通过对贫困地区相对优质企业的支持，提升企业效益，带动贫困地区和相关产业的发展，提升贫困地区人员的收入。因此，股权市场扶贫的关键是从扶助企业出发，扭转企业股东落后的管理思路，加强企业管理人才和技术人才的培养，提升企业的公司治理、精细化管理能力，提高企业财务管理的规范性、财务信息的透明度，促使企业有效运用筹集到的资金，提高企业的资金实力和技术水平，促进企业主营业务持续发展，为贫困地区产业发展注入强劲动力。

三是政府引导，改善股权市场扶贫机制。监管部门要在股权市场审批速度加快的背景下，注重提高绿色通道政策的吸引力，强化对后续资金用途的监测。行业协会研究制定证券公司脱贫攻坚成效专项评价指标，在激励资本市场加大脱贫攻坚力度方面发挥指挥棒作用，持续引导行业加大扶贫力度，更加注重帮扶的长期效果。地方政府向贫困地区企业提

供资金支持、政府补助、税收减免、土地优惠等政策，与资本市场发挥好政策合力，共同促进企业的持续发展。加强贫困地区的信用建设，营造良好的信用环境，减少资本市场扶贫因信息不对称带来的困难，缩短股权市场服务企业的周期。

四是多方共赢，构建可持续发展的机制。股权市场扶贫不能够当做是公益慈善项目去做，要在投入大量资金技术后带来收益，开创多方共赢的局面。证券公司通过承销保荐贫困地区企业IPO和新三板挂牌等项目，获得经济效益和社会效益；贫困地区企业上市或融资后，提升公司治理能力，提高主营业务收益，带动当地产业发展；农民就业问题得到解决，收入获得提升。证券公司、贫困地区企业只有在发挥好各自专业性优势的前提下，才能获取效益，从而构建可持续发展的长效体系。

五是在注册制背景下完善"绿色通道"政策及执行。在新《证券法》和注册制政策背景和市场环境下，建议改进新三板挂牌及IPO"绿色通道"政策及执行。针对贫困县企业挂牌新三板以及挂牌后的转创新层、精选层操作予以适当政策放宽，为提高效率可以针对贫困地区企业挂牌专门成立一个部门予以对接以提高工作效率；一些企业迁址到贫困县，第二年该贫困县就脱贫成功，这时这些迁址企业若申报新三板或IPO也应该继续享受"绿色通道"政策，否则会形成一个悖论：企业迁址后不敢发力帮助落户贫困地区尽快脱贫否则会丧失"绿色通道"。

六是建议建立贫困地区企业后备数据库。由相关部门牵头，各省证监局和金融办、扶贫办配合执行，在全国贫困地区筛选培育传统优势产业和战略性新兴产业中不同发展阶段的优质企业，建立拟上市挂牌企业后备资源库，定期对贫困地区重点拟上市挂牌企业后备资源库进行遴选更新，对入库企业进行重点培育和扶持。中国证券投资基金业协会可以组织私募股权投资基金会员单位和这些名单上的后备企业进行多层次多种形式的项目投资对接交流。

七是进一步推动多层次股权市场的扶贫支持力度。可研究在区域性股权市场设立贫困地区特色板块和专项融资产品，对贫困地区中小微企业减免挂牌、融资费用，对具有成长性的中小微企业加大培育辅导力度，帮助企业利用资本市场加快发展，并将其挂牌融资情况纳入金融机构支持地方经济发展考核范围。鼓励产业优势突出的挂牌企业或上市公司跨地区、跨所有制实施收购兼并，延伸产业链，带动产业集群发展。引导经营业绩差、主营业务不突出的挂牌公司或上市公司通过并购重组注入优质资产，增强持续经营能力。

专栏 IPO "绿色通道" 的前期争议与实践认知

2016 年 9 月，证监会发布《关于发挥资本市场作用服务国家脱贫攻坚战略的意见》（以下简称《意见》），提出对贫困地区企业首次公开发行股票（IPO）、新三板挂牌、发行债券、并购重组等开辟绿色通道。具体包括两类企业：一是注册地和主要生产经营地均在贫困地区且开展生产经营满三年、缴纳所得税满三年的企业；二是注册地在贫困地区、最近一年在贫困地区缴纳所得税不低于 2000 万元且承诺上市后三年内不变更注册地的企业。之所以称为 "绿色通道"，是指上述两类企业申请 IPO 时，将适用 "即报即审、审过即发" 政策。在短时期内曾引起市场争议，焦点在于——以 IPO 特殊政策去扶持是否公平合理。

1. IPO "绿色通道" 的主要争议之处

一是是否存在降低上市门槛。让劣质公司先上市，违反优胜劣汰的市场规律。虽然《意见》提出对贫困地区企业上市的各项审核事项坚持标准不降、条件不减，但既然开了绿色通道，能否 "把持" 住相关原则就是一个疑问。还容易给市场一种感觉，就是监管部门把审批权当作了扶贫工具，可能不利于稳定投资者的信心。二是 "加塞" 行为是否对其他企业不公平。占据审核时间，影响排队审核速度，对发达地区拟上市公司不公平。从上市的时间成本上看，借道贫困地区变相上市比借壳上市快多了，成本也可能低廉许多。鉴于此，会有很多企业想方设法搭便车。三是企业上市"圈钱"，能否有预期中的扶贫效果。并不能帮助当地脱贫，只有帮助企业创新、培育自力更生的能力、培育造血功能，才是真的"扶贫"。某些企业可能借助所谓的"扶贫"，通过 IPO 从市场上圈钱的方式让贫困地区为自身"扶贫"。四是可能损害投资者利益。企业排队待审是检验该企业业绩是否稳定的"试金石"。如果业绩受市场影响太大，那么排队期间就可能会露出"马脚"，进而不得不终止发行，这样的例子不胜枚举。而贫困地区的企业因为有"IPO 绿色通道"，没有经受市场的"考验"，如果正好处于其业绩成长期上会，那么就很容易"蒙混过关"，上会后损害的是市场与投资者的利益。

2. 关于 IPO "绿色通道"的实践认知

一是 IPO 实践中不降低上市门槛。尽管贫困地区企业可以享受"即报即审、审过即发"的优先政策，但审核过程中发行上市条件不降低、审核标准不降低、审核环节不减少，审核程序不压缩，只是在同等条件下在审核进度方面给予优先权。

二是 100% 现场检查，IPO 过会率低，比普通企业的 IPO 审核更加严格。为了保证贫困地区上市企业的质量，证监会对贫困地区企业采取了 100% 现场检查措施，而对普通企业 IPO 只是采取抽查。该项工作由证监会派出机构牵头，重点对贫困地区企业的信息披露质量，尤其是财务信息披露质量进行检查。同时，贫困地区的 IPO 过会率很低，证监会发审委对其要求更加严格。以 2107—2018 年为例，在 IPO 发审会上，贫困地区企业的过会率只有 50% 左右，而普通企业的过会率超过 80%。

三是对公平问题的再认识。公平本身是一个相对概念，没有绝对的公平。改革开放以后，城市优先发展、东部优先发展、工业优先发展，本身就是对农村、对中西部、对农业的"不公平"。因此，2000 年后国家提出工业反哺农业、城市反哺农村的发展战略。社会主义市场经济下的资本市场，既要发挥经济功能，又要服务于国家战略。因此，从更长期、更全面的视角来看，资本市场对贫困地区企业上市挂牌给予"绿色通道"政策，恰恰是对前期不公平的一种"补偿"，是更高层面的公平。

表 3 - 2　　　贫困地区新三板企业挂牌前的投融资情况（部分）

公司名称	股票代码	公司地址		挂牌前融资金额（万元）	投资机构
宇宁果胶	870649.OC	安徽省	砀山县	2379.00	宿州市工业投资集团有限公司等
荷金股份	870144.OC	安徽省	灵璧县	980.00	上海昕盛投资有限公司等
合益食品	839822.OC	安徽省	金寨县	1300.00	金寨县工矿投资有限公司
安达科技	830809.OC	贵州省	长顺县	5000.00	晋嘉兴春秋晋文九鼎投资中心（有限合伙） 嘉兴春秋楚庄九鼎投资中心（有限合伙）等
绿能农科	873143.OC	甘肃省	天祝县	375.00	甘肃现代农业产业创业投资基金有限公司
巨鹏食品	832332.OC	甘肃省	安定区	2840.00	北京和合润鑫投资管理有限公司 甘肃生物医药产业创业投资基金有限公司
凯凯农科	872748.OC	甘肃省	安定区	2871.00	北京和合润鑫投资管理有限公司 甘肃生物医药产业创业投资基金有限公司
中天羊业	430682.OC	甘肃省	陇西县	6256.00	深圳市天寅投资有限公司 肃拓普沃尔投资有限责任公司等
宏良皮业	839191.OC	甘肃省	广河县	85777.00	甘肃省国有资产投资集团有限公司 甘肃省盛华投资有限公司等多家机构
中顺农业	834840.OC	黑龙江	饶河县	1500.00	抚顺中晟投资有限公司
学海文化	837108.OC	湖南省	邵阳县	3969.00	湖南麓谷高新天使创业投资企业（有限合伙） 湖南厚朴创业投资企业（有限合伙） 长沙高新技术创业投资管理有限公司等机构
金天高科	832008.OC	湖南省	泸溪县	2686.00	长沙柏伦新能源投资合伙企业（有限合伙） 湖南科力远高技术控股有限公司
新中合	834128.OC	湖南省	保靖县	1190.00	湖南湘西高新创业投资企业（有限合伙） 湖南厚朴创业投资企业（有限合伙）等
琼中农信	430753.OC	海南省	琼中县	594.00	金四方投资（北京）有限公司
安广物流	839237.OC	吉林省	靖宇县	100.00	乾元万鑫股权投资基金合伙企业（有限合伙）
凌志股份	831725.OC	内蒙古	翁牛特旗	12000.00	江阴周庄中科双盈二期创业投资有限公司 山东康大恒远投资管理有限公司 北京国仁天志投资顾问有限公司等机构

续表

公司名称	股票代码	公司地址		挂牌前融资金额（万元）	投资机构
德泓国际	834086.OC	宁夏	同心县	7390.00	光大资本投资有限公司
昆仑枣业	837261.OC	新疆	墨玉县	5250.00	新疆和君厚喜股权投资合伙企业（有限合伙）
					新疆恒和源投资有限公司
沧海核装	833491.OC	河北省	盐山县	3000.00	上海启塑投资管理中心（有限合伙）
					北京科跃信投投资顾问中心（有限合伙）
					鼎金创展科技（北京）有限公司
					上海君读投资管理有限公司
					北京天星六合投资中心（有限合伙）
金川科技	837205.OC	甘肃省	榆中县	9999.99	甘肃省战略性新兴产业投资基金管理有限公司
					甘肃新材料产业创业投资基金有限公司
恒信玺利	832737.OC	西藏	曲水县	9000.00	红杉资本股权投资管理（天津）有限公司
祥云飞龙	837894.OC	云南省	祥云县	19280.00	江苏国投衡盈创业投资中心（有限合伙）
					上海正同德石投资合伙企业（有限合伙）
					苏州相城经济开发区相发投资有限公司
					浙江龙信股权投资合伙企业（有限合伙）
黄国粮业	831357.OC	河南省	潢川县	1500.00	河南省农业综合开发公司

表3-3　　贫困地区新三板企业挂牌后增发融资情况（部分）

公司名称	股票代码	公司地址		挂牌后增发融资金额（万元）	投资机构
佳明环保	837547.OC	安徽省	潜山县	750	北京天元恒业水处理工程技术有限责任公司
颍元股份	831136.OC	安徽省	颍上县	8200	博达富通—新材一号基金
					中石气—钛金一号基金等多家机构
荷金股份	870144.OC	安徽省	灵璧县	6910	爱地经贸有限公司
					傲绿集团股份有限公司等
高迪环保	836775.OC	安徽省	裕安区	2500	六安市裕达股权投资合伙企业（有限合伙）

公司名称	股票代码	公司地址		挂牌后增发融资金额（万元）	投资机构
润升牛业	834545.OC	安徽省	利辛县	1700	富明资产壹号私募证券投资基金
金穗生态	837221.OC	广西	隆安县	4100	南宁红土邕深创业投资有限公司
					深圳市创新投资集团有限公司等机构
一铭软件	831266.OC	广西	马山县	10768	天津金镒泰股权投资基金合伙企业
					南宁胜悦投资管理中心（有限合伙）等机构
禾美农业	833515.OC	广西	融水县	2700	广西融水湘博投资有限公司
					湖南宇泰科技有限公司等多家机构
					柳州盛东投资中心（有限合伙）等机构
绿健神农	831851.OC	贵州省	独山县	3200	齐鲁证券有限公司
					上海秉腾资产管理中心（有限合伙）
					独山县国有资本营运集团有限公司等机构
巨鹏食品	832332.OC	甘肃省	安定区	13734	北京宏丽惠泽创业投资有限公司
					甘肃生物医药产业创业投资基金有限公司
凯凯农科	872748.OC	甘肃省	安定区	5390	中央企业贫困地区产业发展投资基金股份有限公司
					甘肃中联资本管理有限责任公司 – 中联创新创业私募投资基金等机构
恒源食品	832783.OC	黑龙江	桦南县	15497	华福证券有限责任公司
					珠海横琴华叶国立投资中心（有限合伙）等多家机构
艾享生态	838663.OC	黑龙江	兰西县	12376	中商资产管理集团有限公司
嘉和融通	836253.OC	黑龙江	海伦市	5299	黑龙江鼎和投资管理集团有限公司
					黑龙江多闻普惠供应链管理有限公司
公准股份	830916.OC	黑龙江	海伦市	15000	山西证券股份有限公司
					天津方富田野投资中心（有限合伙）
					新疆新域博远股权投资合伙企业（有限合伙）
华阳变速	839946.OC	湖北省	郧西县	5131	十堰华阳投资有限公司
					老河口市生龙机械有限公司等多家机构

续表

公司名称	股票代码	公司地址		挂牌后增发融资金额（万元）	投资机构
康农种业	837403.OC	湖北省	长阳土家族自治县	2503	湖北楚商澴锋创业投资中心（有限合伙）
沧海核装	833491.OC	河北省	盐山县	10695	上海京福股权投资合伙企业（有限合伙）
					深圳顺晟创业投资合伙企业（有限合伙）
					长春中投金盛投资合伙企业（有限合伙）
					嘉兴品钰投资合伙企业（有限合伙）
					长春融慧达投资管理中心（有限合伙）
菁茂农业	832482.OC	甘肃省	景泰县	997.58	北京州思云科技股份有限公司
勤劳农夫	833506.OC	湖北省	长阳土家族自治县	2781	中融华富（北京）投资基金管理有限公司
					嘉兴方鼎科技产业股权投资合伙企业
赤诚生物	831696.OC	湖北省	五峰土家族自治县	6294	五峰立倍投资管理服务部（有限合伙）
					五峰得倍投资管理服务部（有限合伙）等机构
中天亿信	837121.OC	湖北省	恩施市	300	湖北中硒健康产业投资集团股份有限公司
学海文化	837108.OC	湖南省	邵阳县	1252	湖南中泰致远贸易有限公司
					湖南红钻创业投资私募基金
金昊科技	839508.OC	湖南省	泸溪县	1909	苏州国宝投资管理企业（有限合伙）
凌志股份	831725.OC	内蒙古	翁牛特旗	19500	内蒙古蒙草生态环境（集团）股份有限公司
					神州辰阳（北京）投资有限公司等机构
羊羊股份	872507.OC	内蒙古	苏尼特右旗	972	内蒙古明大投资有限责任公司
中天羊业	430682.OC	甘肃省	陇西县	30481	西藏新海新创业投资有限公司
					西藏智强创业投资合伙企业（有限合伙）
					北京正康地股权投资合伙企业（有限合伙）
诺克特	835877.OC	湖北省	孝昌县	13620	佛山市顺德金纺集团有限公司
					科华（宜都）科技创业投资基金（有限合伙）
					广东华迪投资集团有限公司等多家机构

公司名称	股票代码	公司地址		挂牌后增发融资金额（万元）	投资机构
宏中药业	833746. OC	湖北省	蕲春县	3141	凯默斯医药科技（上海）有限公司
					招商局蕲春蕲艾产业投资基金合伙企业
金天高科	832008. OC	湖南省	泸溪县	240	方正证券股份有限公司
					世纪证券有限责任公司等机构
新中合	834128. OC	湖南省	保靖县	1981	湘西土家族苗族自治州国有资产经营管理公司
					湖南高新科技成果转化投资基金企业
琼中农信	430753. OC	海南省	琼中县	3334	海南洋浦椰岛贸易有限公司
皇封参	871195. OC	吉林省	靖宇县	1300	通化郑道地现代农业有限公司
					中吉金泰－金泰 1 号私募股权投资基金
安达科技	830809. OC	贵州省	长顺县	74910	珠海横琴中科零壹投资管理有限公司
					乌鲁木齐尚牧股权投资有限合伙企业等多家机构
上陵牧业	430505. OC	宁夏回族自治区	盐池县	72750	东海瑞京资产管理（上海）有限公司－东海瑞京中高晟信稳利 1 号专项资产管理计划
					北京合源融微股权投资中心（有限合伙）
					北京九鼎言胜投资管理有限公司
德泓国际	834086. OC	宁夏	同心县	20774	宁夏元瑞股权投资合伙企业（有限合伙）
					陕西省新材料高技术创业投资基金
					北京熠辉时代投资合伙企业等多家机构
网虫股份	830767. OC	宁夏	海原县	3643	新余证龙投资合伙企业（有限合伙）
					东吴创新资本管理有限责任公司
					北京天星创联投资管理有限公司等机构
巴山牧业	872245. OC	四川省	通江县	1572	巴中川陕革命老区振兴发展股权投资基金
					西藏景行泰来资本管理有限公司—景躍华章成长股权—号私募基金
天然谷	833760. OC	陕西省	城固县	2197	陕西天谷生物科技集团有限公司
					中陕核股权投资管理有限公司
永通股份	831705. OC	江西省	宁都县	7662	海通证券股份有限公司
					中山证券有限责任公司等机构

表 3－4　　　　　　借助“绿色通道”政策发行上市情况

序号	企业名称	上市日期	股票代码	交易所	上市板	证券公司名称	首发募资金额（亿元）	注册地点
1	高争民爆	2016－12－9	002827. SZ	深圳	中小企业板	财富证券有限责任公司	3. 79	西藏自治区拉萨市经济技术开发区 A 区林琼岗路 18 号
2	易明医药	2016－12－9	002826. SZ	深圳	中小企业板	华西证券股份有限公司	2. 87	西藏自治区拉萨市经济技术开发区林琼岗路 6 号
3	集友股份	2017－1－24	603429. SH	上海	主板	国海证券股份有限公司	2. 55	安徽省安庆市太湖经济开发区
4	嘉泽新能	2017－7－20	601619. SH	上海	主板	海通证券股份有限公司	2. 44	宁夏回族自治区红寺堡区大河乡埡隘子
5	卫信康	2017－7－21	603676. SH	上海	主板	中信证券股份有限公司	3. 48	西藏自治区拉萨市经济技术开发区 B 区园区南路 5 号工业中心 4 号楼 3 层
6	森霸传感	2017－9－15	300701. SZ	深圳	创业板	长江证券承销保荐有限公司	2. 63	河南省南阳市社旗县城关镇
7	庄园牧场	2017－10－31	002910. SZ	深圳	中小企业板	华龙证券股份有限公司	3. 49	甘肃省兰州市榆中县三角城乡三角城村
8	盘龙药业	2017－11－16	002864. SZ	深圳	中小企业板	中泰证券股份有限公司	2. 17	陕西省商洛市柞水县盘龙生态产业园
9	新疆火炬	2018－1－3	603080. SH	上海	主板	西部证券股份有限公司	4. 83	新疆维吾尔自治区喀什地区喀什市世纪大道南路 77 号

续表

序号	企业名称	上市日期	股票代码	交易所	上市板	证券公司名称	首发募资金额（亿元）	注册地点
10	万兴科技	2018－1－18	300624.SZ	深圳	创业板	华林证券股份有限公司	3.31	西藏自治区拉萨市柳梧新区东环路以西，1－4路以北，1－3路以南，柳梧大厦以东8栋2单元6层2号
11	华宝股份	2018－3－1	300741.SZ	深圳	创业板	浙商证券股份有限公司	23.77	西藏自治区拉萨市经济技术开发区格桑路投资大厦6层
12	华林证券	2019－1－17	002945.SZ	深圳	中小企业板	招商证券股份有限公司	9.77	西藏自治区拉萨市柳梧新区察古大道1－1号君泰国际B栋一层3号
13	华致酒行	2019－01－29	300755.SZ	深圳	创业板	西部证券股份有限公司	9.72	云南省迪庆藏族自治州香格里拉经济开发区中心片区
14	筑博设计	2019－11－8	300564.SZ	深圳	创业板	中信建投证券股份有限公司	5.67	西藏自治区拉萨市柳梧新区国际总部城6幢2单元6层1号
15	熙菱信息	2016－11－25	300588.SZ	深圳	创业板	中德证券有限责任公司	1.24	新疆维吾尔自治区乌鲁木齐市新市区高新区（新市区）北京南路358号大成国际大厦10层
16	立昂技术	2016－12－30	300603.SZ	深圳	创业板	海通证券股份有限公司	4.21	新疆维吾尔自治区乌鲁木齐市头屯河区经济技术开发区燕山街518号
17	和远气体	2020－01－13	002971.SZ	深圳	中小板	西部证券股份有限公司	3.94	湖北省宜昌市长阳土家族自治县龙舟坪镇龙舟大道52号

资料来源：作者根据证券业协会网站、Wind数据库的资料自行整理。

表 3 - 5　　　　　贫困地区企业上市对就业和税收的影响

公司名称	挂牌	股票代码	员工人数		挂牌后支付税费增加比例
			挂牌前	挂牌后	
合益食品	2016 - 11 - 09	839822. OC	50	75	1235% +
中顺农业	2015 - 12 - 18	834840. OC	38	61	290% +
凯凯农科	2018 - 05 - 04	872748. OC	104	113	140% +
安广物流	2016 - 09 - 30	839237. OC	44	42	110% +
凌志股份	2015 - 01 - 27	831725. OC	225	255	90% +
学海文化	2016 - 05 - 04	837108. OC	149	142	45% +
中天羊业	2014 - 04 - 11	430682. OC	401	369	32% +
安达科技	2014 - 06 - 18	830809. OC	190	266	67% +
巨鹏食品	2015 - 04 - 28	832332. OC	90	115	55% +
德泓国际	2015 - 12 - 15	834086. OC	611	753	17% +
琼中农信	2014 - 05 - 29	430753. OC	550	630	5% +
众兴菌业	2015 - 06 - 26	002772. SZ	1194	1845	8% -
荷金股份	2016 - 12 - 23	870144. OC	159	162	20% -
新中合	2015 - 11 - 26	834128. OC	320	348	21% +
沧海核装	2015 - 10 - 14	833491. OC	330	328	29% +
佰惠生	2015 - 12 - 21	835409. OC	885	970	29% +

表 3 - 6　挂牌或上市后贫困地区企业所做的产业并购情况（部分）

省份	区县	公司名称	股票代码	并购事件
安徽	灵璧县	荷金股份	870144. OC	西藏鑫旺生物科技有限公司 100% 股权
广西	隆安县	金穗生态	837221. OC	广西崇左市湘桂生态肥业有限公司 70% 股权
贵州	镇宁县	红星发展	600367. SH	红星（新晃）精细化学有限责任公司 7.5% 股权
贵州	罗甸县	信邦制药	002390. SZ	贵州卓大医药有限责任公司 30% 股权
				六盘水安居医院有限公司 70% 股权
				贵州中康泽爱医疗器械有限公司 51% 股权
				贵州天医药方健康云服务有限公司 70% 股权
				江苏健民制药有限公司 76.28% 股权

续表

省份	区县	公司名称	股票代码	并购事件
甘肃	麦积区	众兴菌业	002772.SZ	眉山昌宏农业生物科技有限公司30%股权
				湖北菇珍园菌业有限公司100%股权
				四川丰藏现代农业有限公司24.1%股权
				眉山昌宏农业生物科技有限公司70%股权
				新乡市星河生物科技有限公司100%股权
黑龙江	海伦市	嘉和融通	836255.OC	德惠市鹏程物流有限公司70%股权
湖北	五峰县	赤诚生物	831696.OC	湖南梧雅生物科技有限公司100.00%股权
湖北	孝昌县	诺克特	835877.OC	湖北康业生物科技有限公司20%股权
湖南	邵阳县	学海文化	837109.OC	湖南五维云科技发展有限公司66.67%股权
吉林	安图县	吉小棉袄	870586.OC	吉林小棉袄集团荣和物业管理有限公司67%股权
				吉林省吉嫂网络科技有限公司100%股权
宁夏	盐池县	上陵牧业	430506.OC	宁夏春天然乳品股份有限公司51.00%股权
				宁夏青松乳业有限公司91.47%股权
宁夏	海原县	网虫股份	830767.OC	宁夏传释电子商务有限公司100%股权
				银川领航科技有限公司100%股权
				宁夏菲洋广告传媒有限公司100%股权
山西	河曲县	同德化工	002360.SZ	忻州同德民爆器材经营有限公司40%股权
				增资后ILCH TULSH Co. Ltd.33%股权
内蒙古	林西县	佰惠生	835409.OC	赤峰佰惠生农业发展有限公司100%股权
				河北秦佰汇物流有限公司100%股权
河南	光山县	胜高股份	833623.OC	杭州富阳耀都假日酒店有限公司100%的股权
				德清幸福大酒店有限公司100%的股权

案例一 湖北秭归县戈碧迦公司新三板市场挂牌和定增

2009年12月，湖北戈碧迦光电科技股份有限公司（以下简称戈碧迦）在湖北宜昌秭归县①注册成立，属秭归县招商引资的高新技术企业，

---

① 秭归县原为国家级贫困县，2019年4月经评估检查后，退出国家级贫困县。

注册资本 11825 万元。戈碧迦主营业务为光学玻璃和水晶工艺玻璃的研发、生产与销售；产品应用于潜望镜、安防镜头、照相机、望远镜、DVD、手机面板、背投电视、数字电视、枪瞄、显微镜、水平仪等领域，其作为下游产品的核心元件，具有信息采集、传输、存贮、转化、显示等关键功能。

1. 戈碧迦挂牌新三板，利用股权市场融资

戈碧迦因所处行业属于重资产类，需要大量资金购买铂金等固定资产建设生产线，2014 年起现金流较为紧张，生产规模的扩大受到限制。中信建投证券在 2014 年底接触戈碧迦，出具新三板挂牌和挂牌前增资扩股的方案。2015 年 5 月，协助戈碧迦完成挂牌前融资 3000 万元，帮助戈碧迦渡过资金链紧张的难关。2016 年 1 月，戈碧迦正式挂牌新三板，迈入资本市场的大门，股票代码为 835438，交易方式为协议交易，总股本为 6825.00 万股，每股收益为 0.13 元。2016 年 12 月和 2017 年 4 月，协助戈碧迦完成挂牌后定增，分别融资 5000 万元和 1 亿元，所募集资金主要用于组建镧系光学玻璃生产线，大大丰富了产品种类，提升了企业综合竞争能力。2018 年 12 月，再次协助戈碧迦完成股票发行融资 1 亿元，募集资金主要投向新建的汽车光学车灯非球面透镜项目，该项目的实施标志公司从光学材料制造商向终端应用领域的光学器件进一步深入，是战略布局的重大项目，将推动企业向更高一层的平台发展。

2. 戈碧迦在新三板市场挂牌后带动贫困地区发展成效

戈碧迦在新三板市场挂牌和定增后，公司治理方面逐步规范，三会议事规则和内部控制不断健全；产品结构调整优化，光学玻璃比例不断扩大，新建车灯项目；生产规模不断扩大，营业收入从 8000 万元/年增长到 2 亿元/年以上；经营业绩稳健向好，净利润从盈亏平衡增长至 900 万/年。企业逐步成为当地的明星企业，大大增加了当地的税收收入，如表 1 所示。企业近 500 名员工中，当地人员占比 80%，公司的良好发展也为贫困地区创造大量就业岗位，为当地带来广泛的经济效益和社会效益。

表1 　　　　　　　　　　　　戈碧迦的利润情况

年份	营业收入（元）	营业利润（元）	利润总额（元）	净利润（元）	资产总计（元）	负债合计（元）	股东权益合计（元）
2013	8051.41万	-259.42万	-299.19万	-245.67万	3.02亿	2.45亿	5707.58万
2014	8283.43万	430.84万	332.94万	226.18万	3.20亿	2.61亿	5933.76万
2015	1.13亿	1790.41万	2512.84万	2132.14万	3.16亿	2.06亿	1.10亿
2016	1.34亿	1421.42万	1708.24万	1505.96万	3.56亿	2.36亿	1.20亿
2017	1.85亿	2134.18万	2028.91万	1787.31万	4.54亿	1.68亿	2.86亿
2018	2.29亿	1462.20万	984.17万	949.70万	5.50亿	1.55亿	3.95亿

案例二　陕西柞水县盘龙药业借助IPO "绿色通道" 上市

陕西盘龙药业集团股份有限公司（以下简称盘龙药业）成立于1997年，是集药材GAP种植，药品生产、研发、销售和医药物流为核心产业的现代高新技术企业。公司所在地为商洛市柞水县。商洛市是革命老区，也是全国少见的集中连片贫困地区，柞水县更是一个国家级贫困县，脱贫攻坚任务艰巨。

1. 公司上市前的基本情况

公司自成立以来，一直致力于中成药的研发、生产和销售，形成以盘龙七片为主导产品、以骨科风湿类为主要治疗领域，且涵盖肝胆类、心脑血管类、妇科类、抗肿瘤类多个治疗领域。公司凭借盘龙七片等主要产品在全国范围销售内，尤其是西部地区拥有较高的知名度。此外，公司注重与高等院校、科研机构的产学研合作和交流。自成立以来，盘龙药业主营业务及主要产品未发生重大变化。2017年公司上市当年的1—9月，公司实现营业收入27322.05万元，较上年同期上升30.36%；归属母公司股东的净利润3309.32万元，同比增长42.44%；扣除非经常性损益后归属于母公司股东的净利润3316.33万元，同比增长42.95%。盈利增长主要来源于公司产品销售数量的增长。

盘龙药业与国内其他中成药企业相比，具有产品优势、原材料资源优势、营销优势、品牌优势、产业链整合优势，但公司也存在一定的竞争劣势，规模偏小，公司知名度有待提高；资本实力欠缺，缺乏通畅的资本市场融资渠道。结合现有中药行业的发展趋势，尤其是公司主导品种盘龙七片所在的骨骼肌肉系统疾病中成药用药领域，品牌集中度较低，市场充分竞争的情况下，公司需要募集资金进行业务拓展，用于生产线扩建项目、研发中心扩建项目和营销网络扩建及信息系统升级建设项目，对公司现有主要产品的生产、技术、研发、销售和管理等多方面进行综合改善，增强公司市场竞争力，符合公司未来发展战略。

2. 多方协作，公司通过"绿色通道"政策实现上市

（1）证券公司进行上市辅导

盘龙药业由中泰证券担任首次公开发行股票并上市的辅导机构，对其进行股票发行并上市前的辅导，并于 2013 年 7 月 10 日进行辅导备案登记。为确保盘龙药业达到上市监管要求，中泰证券协助盘龙药业建立健全法人治理结构、内部控制制度、公司财务会计管理体系，核查盘龙药业公司设立、增资扩股、股权转让、改制重组情况，确定募集资金投资项目。经过辅导，盘龙药业规范化运作水平得到了较大提高，初步建立了符合现代企业制度要求的公司法人治理结构，具备足够的诚信水准和管理上市公司的能力及经验，符合公开发行股票并上市的条件和有关规定，具有持续发展能力。

（2）商洛市政府提供多种支持

为支持盘龙药业上市，商洛市政府提供多样性的支持。一是全力推进上市，成立"一把手"挂帅的企业上市工作推动领导小组，根据实际制订相应的发展计划，落实专门机构、专职人员和经费保障。针对盘龙公司上市中存在的困难和问题，市、县两级坚持开展"绿色通道"，及时予以办理。二是加大政策衔接，为适应新形势需要，积极对接多层次资本市场，政府对企业在区域股权市场、新三板挂牌和主板、中小板、创业板上市，企业上市不同阶段，以及企业发行债券、发行股票等不同

方式融资，给予明确的资金奖励等政策扶持，极大地提升了企业上市的积极性。三是突出重点培育，积极利用工业稳增长21条措施等扶持政策帮助企业稳产增效，增强综合实力，帮助企业厘清股权，明确该股权合法合规性。四是优化协调服务，利用"券商下基层活动"平台，加强与保荐机构中泰证券股份有限公司合作，帮助企业提升理念、找准方向、增强实力。积极协助企业解决上市过程中的重大问题，协调县财政、发改、市监、税务等部门，简化手续，提高效率，帮助企业解决股份制改造过程中涉及的资产确认、工商变更、税收认定等事项，协调解决证监会对陕西盘龙药业公司上市有关问题的复审，落实省市专项奖补资金100万元，提高了企业上市积极性。

（3）证监会提升审核速度，严把审核标准

2017年9月1日，中泰证券向证监会报送盘龙药业首次公开发行股票招股说明书，对于本次发行概况、风险因素、发行人基本情况、业务和技术、同业竞争与关联交易、公司治理、财务会计信息等都进行详细介绍。9月4日，证监会从规范性问题、信息披露问题和财务会计资料相关的问题提出反馈意见。9月26日，证监会主板发行审核委员会2017年第151次发审委会议通过盘龙药业首发审核，并要求发行人代表进一步说明成本费用、产品质量受到行政处罚、市场推广费用相对较低等问题。由此可见，"绿色通道"政策大幅提高了企业上市的审核速度，但是对于上市条件仍进行严格的筛选和把关。

2017年11月16日，盘龙药业的股票在深圳证券交易所中小板成功挂牌上市，成为全国首家深度贫困地区登陆中小板的企业。发行股票2167万股，发行市盈率22.98倍，发行价格为10.03元，成功募集资金2.17亿元，为其生产线扩建、研发中心扩建、营销网络扩建及信息系统升级建设等项目建设获得了资金支持。

3. 公司上市后，企业自身和对当地脱贫攻坚的总体推进效果

（1）企业有效提升持续经营和盈利能力

上市后，盘龙药业有效提升了自身持续经营和盈利能力。公司的经

营业绩稳步增长，2016—2019 年营业总收入翻番，从 3.05 亿元增加到 6.11 亿元；净利润大幅上升，从 2016 年的 3953 万元增长至 2019 年的 7178 万元，如表 2 所示。

表2　　　　　　　　　　上市前后盘龙药业经营情况

成长能力指标	2019 – 12 – 31	2018 – 12 – 31	2017 – 12 – 31	2016 – 12 – 31
营业总收入（亿元）	6.11	4.89	3.77	3.05
毛利润（亿元）	4.16	3.41	2.55	1.88
归属净利润（万元）	7178	6468	4372	3953
扣非净利润（万元）	6513	4698	4202	3782
营收总收入同比增长（%）	24.76	29.90	23.37	19.26

数据来源：东方财富网。

（2）企业创新多种方式参与精准扶贫

上市后，盘龙药业依托产业优势，多措并举推进产业扶贫、技术扶贫、就业扶贫、公益扶贫等，在深入开展"万企帮万村"行动中，采取发展大健康产业与实施中药材产业扶贫行动计划结合，项目投资与在贫困地区建设药源基地结合，联动帮扶与扶贫扶智结合等多种创新帮扶形式[1]。

发展中药产业，带动农民脱贫致富。公司从实际出发，因地制宜，因户施策，创造了"公司＋基地＋贫困户"和"公司＋合作社＋贫困户"等多种形式的扶贫载体。盘龙药业在陕西、甘肃等多个贫困地区着力打造中药材基地，吸收基地周边贫困人员到基地就业务工，带动贫困户脱贫致富。以陕西西川村金银花种植基地为例，目前该村共有 183 户贫困户，贫困人口 529 人。按照目前的种植规模和市场价格，1000 亩地将为该村每年带来 1500 万元的毛收益。

帮扶修路，改变贫困村组面貌。公司投入近 200 万元用于柞水公路建设，加快基础设施建设，解决发展瓶颈。在石泉县枫树村，硬化

---

[1]　资料来源于公开信息，如《证券市场红周刊》、盘龙药业年报和官网等。

组级公路 10 公里，彻底改变该村的交通状况，使该村的山货特产物畅其流。

产业扶贫和扶志扶智相结合，激发贫困群体脱贫的内在动力。一方面，公司在药源基地开展中药材种植技能培训 80 余场次，参训人员 1000 多人次。另一方面，公司先后 4 次为柞水县教育局、柞水县七坪小学、交通希望小学、柞水县交通局等单位捐资达 60 多万元，共投入近 90 万元支持发展教育事业。截至 2018 年底，公司累计出资 350 万元支持帮助贫困学生完成学业，现已帮助 50 余名贫困大学生圆了大学梦。

扶贫帮困，积极参与公益活动。在社会公益事业活动方面，2015 年盘龙药业在陕西慈善协会设立盘龙慈善文化基金 1000 万元；2019 年与陕西省见义勇为协会合作，出资 100 万元共同成立陕西省见义勇为基金会。在健康扶贫方面，公司 2019 年上半年共计捐赠药品、医药设备等物资折合 183.6 万元，主要对象是深度贫困县柞水县红十字会、贫困县商南县和山阳县的贫困户。

案例三　西藏华宝股份借助 IPO "绿色通道" 上市

华宝香精股份有限公司（以下简称华宝股份）于 1996 年 6 月 27 日在西藏自治区①工商行政管理局登记成立，注册资本 61588 万元。公司经营范围包括香精产品的开发、研制、生产及相关应用，天然食品添加剂和食品的开发等。

1. 公司上市前的基本情况

公司主要从事香精的研发、生产和销售，同时经营少量的食品配料业务。公司销售额在国内一直名列前茅，是中国香精行业的领先企业，拥有我国香精行业唯一的国家级企业技术中心，并在德国霍尔茨明登设

---

① 2015 年 3 月，证监会与西藏形成了《关于支持西藏资本市场发展座谈会会议纪要》，对符合条件的西藏企业建立 "绿色通道"，实施 "即报即审、即审即发" 政策，全面落实西藏企业到新三板挂牌 "即报即审、即审即挂" 政策，对挂牌初费和年费予以全免。

有海外研发中心。公司拥有国际先进的香气剖析和再生系统、完备的香料谱库，拥有国际化标准的生产和质量控制系统，以及由一批国内外顶尖调香师、应用专家、分析师和市场研究人员组建的研发和应用团队。领先的创新科技、稳定的高品质产品和全方位的技术解决方案，使得公司与客户建立了长期稳定的战略合作关系。从2014—2017年连续4年，公司的净利润均保持在10亿元以上，拥有较好的盈利能力。

2. 借助"绿色通道"政策上市

华宝股份IPO项目的保荐机构为浙商证券。2017年6月7日，浙商证券向证监会报送华宝股份创业板首次公开发行股票招股说明书；12月8日，证监会反馈意见；12月21日，再次报送华宝股份招股说明书；2018年1月10日，华宝香精股份有限公司（首发）获证监会发审委通过。3月1日，华宝股份在深圳证券交易所创业板正式上市，首次公开发行股票数量为6159万股，发行价格为38.6元/股，本次发行募集资金总额237737.40万元。

公司本次募集资金拟用于多个项目，通过华宝鹰潭食品用香精及食品配料生产基地项目的建设，形成稳定与充足的产能及利润新增长点，继续增强食品用香精及食品配料产品的市场竞争力；通过江苏华宝年产5500吨香精项目，进一步提升香精的产品档次；通过华宝孔雀食品用香精及食品技术研发项目的建设，确保公司技术的前瞻性和领先性；通过华宝拉萨净土健康食品项目，拓展公司的业务范围及新的利润增长点。本次募集资金项目的建设，将进一步增强公司在生产、研发、销售方面的优势，提高公司的整体竞争力。

3. 公司促进业务发展，深入参与当地的精准扶贫

（1）公司有效促进提升可持续发展能力

上市后，华宝股份有效提升了自身持续经营和盈利能力。公司的经营业绩稳步增长，2017—2019年营业总收入保持在21亿元左右，同比增速从－15.96%增长至0.75%；净利润从2017年的11.48亿元增长至2019年的12.36亿元，如表3所示。

表3　　　　　　　　　　上市前后华宝股份经营情况

指标\年份	净利润（元）	净利润同比（％）	扣非归母净利润（元）	扣非归母净利润同比（％）	营业总收入（元）	营业总收入同比（％）	营业利润（元）	营业利润同比（％）	利润总额（元）
2019－12	12.36亿	5.09	11.18亿	4.99	21.85亿	0.75	14.47亿	2.10	14.46亿
2018－12	11.76亿	2.41	10.65亿	2.94	21.69亿	－1.30	14.18亿	4.58	14.17亿
2017－12	11.48亿	－9.13	10.34亿	－0.91	21.98亿	－15.96	13.56亿	－0.71	13.57亿
2016－12	12.63亿	－4.52	10.44亿	8.29	26.15亿	－6.33	13.65亿	－6.41	15.26亿
2015－12	13.27亿	－14.59	9.64亿	－23.36	27.92亿	－13.01	14.64亿	－15.28	16.18亿
2014－12	15.53亿	—	12.58亿	—	32.09亿	—	17.28亿	—	19.14亿

数据来源：东方财富网。

（2）公司上市带动贫困地区经济发展

西藏地区是我国经济和教育发展相对滞后的地区，是国家精准扶贫的重点地区。华宝股份作为扎根于西藏自治区的一家大型企业，积极投资拉萨曲水、支持当地经济发展。借助"绿色通道"在深交所上市后，华宝股份更加积极响应国家精准扶贫战略，不断加强与当地政府的联系，配合政府的扶贫工作部署，热心参与产业扶贫、教育扶贫等事业，为西藏打赢脱贫攻坚战贡献力量。

实现公司上市带动贫困地区经济发展。2018年，公司在拉萨曲水县投资设立拉萨华宝食品有限公司，主要从事以青稞为主要原料的藏区农副产品深加工，进行健康食品的研究和产业化，有利于提高青稞商业价值和经济效益，以带动上下游产业发展，提高当地居民生活水平。公司在曲水投资设立拉萨味天下食品有限公司，主要从事食品配料、食品添加剂、预包装食品等的生产和销售，有利于推动西藏地区食品工业发展，促进当地就业。此外，公司在西藏投资设立子公司，持续支持当地农业、食品工业发展，增加就业机会，促进当地经济转型。

积极参与产业扶贫。公司与西藏驻沪办事处合作，出资37万元在西藏那曲市那曲镇古帕村兴建"华宝奶牛养殖基地"。奶牛养殖基地由那曲镇政府主导、古帕村合作社运营，采取"企业＋合作社＋基地＋牧户"为经营模式，旨在打造那曲牛奶特色优势品牌，培养牧民规模化养殖意识与市场经济意识，促进天然草场保护和生态畜牧业发展，从而增加贫困户现金收入，加快推进脱贫致富步伐。2018年7月，第一期捐资37万元为那曲镇购买优质奶牛60头，并购买牛奶过滤、存贮、运输等设备，分发给30个贫困户家庭。此举有效改善了牦牛的饲养环境，降低了死亡率，提高了产奶量，有效助力藏区牧民脱贫致富。

持续投身于教育与公益扶贫。一方面，公司关注教育扶贫，积极提升贫困户的就业能力。通过对贫困户进行职业培训、科学指导，鼓励贫困户提升就业能力、掌握致富技术。另一方面，通过捐赠推进贫困地区教育事业发展。2018年11月，公司在国家级贫困县陕西延川县组织开展"走进陕西——香化协会爱心书包/爱心校服公益活动"。来自全国各地香化行业45家捐赠企业代表参加了本次活动，共向延川县捐赠爱心书包、校服、学习用品6000余件。捐赠仪式先后在延川县永坪镇第二小学、延川县东关小学、延川县文安驿小学举行。

案例四 安徽太湖县集友新材料借助IPO "绿色通道"上市

安徽集友新材料股份有限公司（以下简称集友公司）成立于1998年，位于安徽省安庆市太湖县。太湖县原本是国家级贫困县之一，于2020年4月经评估检查后退出国家级贫困县。近20年来，该企业以市场需求为导向，通过积极努力将主营业务从生产烟用接装纸，拓展到烟用接装纸、封签纸及电化铝的研发、生产和销售领域，并与安徽中烟等多家省级中烟公司和中国台湾地区苗栗卷烟建立稳定的合作关系，成为该行业的优势企业。截至2016年底，该企业年营业收入达19000万元，净利润达5500万元。

1. 上市前企业发展面临一定的瓶颈

早在2013年，看到该企业生机勃勃的发展态势、蒸蒸日上的创收能力和在行业内的竞争优势，也察觉到企业在进一步做大做强方面存在的瓶颈，太湖县委、县政府主动与企业对接，鼓励企业谋划上市融资，借力资本市场。但是，该企业考虑到若启动上市融资的准备工作，则面临的压力较大。一是作为一个传统企业，要符合上市融资的标准和条件，亟须对企业管理体制等进行改造，需要投入大量的精力、财力，对于一个亟须扩大生产规模、资金瓶颈制约突出的企业，负担不起；二是从启动企业改制到正式申报，特别是在现行企业上市审批制度下，等待"上会"企业数量多、"排队"时间长，作为一个亟须扩大投入的生产企业，上市融资可能"远水解不了近渴"，企业等不起；三是作为一个在贫困地区本土成长起来的企业，自身潜意识里存在上市可望不可即的片面认识。由于以上原因，该企业一度准备外迁发展。

2. 借助"绿色通道"东风，企业实现快速上市融资

为打消企业顾虑，更为留住好企业、促进发展，县委、县政府加大与集友公司的联系、沟通，并研究出台了支持企业上市的政策，尽自身最大努力帮助企业解决上市过程中的突出困难，帮助企业持续坚定做大做强的信心。在企业正式启动上市工作后，中国证监会有关领导专程到企业调研指导，上期所、上交所多渠道、多方式帮助企业拓宽发展思路，安徽证监局快捷高效辅导备案、辅导验收，证监会系统上下的通力配合，为集友公司搭乘证监会扶贫政策的东风提供了成功契机。

2016年12月6日，国海证券向证监会报告送集友公司首次公开发行股票招股说明书；12月9日，证监会反馈意见；12月21日，集友新公司（首发）获证监会发审委通过。集友公司成功上市后，一系列发展战略将有效落到实处、宏伟蓝图将加快变成美好现实：首批募投的2.55亿元资金，将全部投资在太湖县，用于建设已经规划的集友产业园和引进先进技术、高端人才等。项目建成后，将年新增3500吨烟用接装纸、18000万平方米电化铝生产能力，产品研发、质量检测、数字化水平同步提高，预计年产值超过3亿元。在企业实现发展提速、产品提质、效益提升的同时，也将为资本市场提供新的健康持续的投资选择。

3. 企业上市后的扶贫效果

一是对区域经济发展的反哺效应，加快当地脱贫攻坚步伐。集友公司上市募投的资金全部用于扩大再生产后，对太湖县固定资产投资即期增长的贡献率将超过20%；随着企业生产规模扩大、营收能力增强，年缴纳地方税收将达5000万元，预计提高地方财政一般预算收入增幅5个百分点；项目建成投产后，全县新增500个以上就业岗位，将直接增加贫困群众工资性收入2500万元。

二是有利于贫困地区加快形成产业优势，对当地其他企业产生正向激励。集友公司上市后，有效促进产业上下游企业聚集发展，实现全县新材料产业由量变到质变，加快形成产业集群，产生规模效益，形成新的经济增长极，助力脱贫攻坚。另外，对其他企业产生了正向激励效应和示范效应。目前，全县已经有金张科技等3家企业正在积极筹备上市，景湖农业等8家企业正在开展"新三板"挂牌工作。这些优质企业的上市奋进路，也将成为太湖县新材料这一主导产业优势的形成之路。

三是新政对投资的磁吸效应，有利于贫困地区提升发展质量。股权市场助推贫困地区的优质企业迈上发展快车道的同时，也将贫困地区带到了资本选择的聚光灯下，一定程度上改变了贫困地区在吸引投资、引进企业和项目方面长期以来的弱势地位，改变了贫困地区在招商引资工作中长期以来主要依赖拼资源、拼成本的做法。在集友公司上市后，太湖县在选商选资方面的主动权、在招大引强上的话语权明显增强。据不完全统计，已有23家优质企业主动上门来县洽谈投资兴业事宜。在商洽投资时，太湖县围绕主导产业进行选商选资，考量企业素质、产品前景的选择空间明显增大。

案例五　宁夏红寺堡区嘉泽新能借助
"绿色通道"政策上市

嘉泽新能股份有限公司（以下简称嘉泽新能）设立于2010年4月，注册地为宁夏回族自治区红寺堡区大河乡垭隘子。宁夏回族自治区红寺堡区身处国家级贫困县，是脱贫攻坚的主战场。

1. 嘉泽新能项目的基本情况

嘉泽新能是致力于绿色能源开发的大型民营发电企业。公司主要业务涉及风力及太阳能发电产业的建设与开发，包括风力发电场的投资、建设、运营、维护、风电生产销售、提供风力发电规划、技术咨询及运行维护服务、新能源开发和利用等。自2010年成立以来，宁夏嘉泽受益于新能源行业的快速发展，近年来，在国家优惠政策的大力扶持下，业务得到了迅猛发展。公司充分利用宁夏回族自治区中南部地区的风力资源，着力新能源的开发。公司同时拥有一支高素质的精英团队，聚集了众多经济、金融、管理、法律和长期致力于清洁能源事业、具有风电场运营等专业的高级人才与资深专家。

2. 嘉泽新能借助"绿色通道"政策上市

嘉泽新能作为我国风力发电民营企业的领头羊，目前是全国单体装机容量最大的民营新能源发电企业，立足宁夏、新疆等新能源资本丰富的区域市场，充分发挥规模和区域优势，通过创新的管理模式，持续推进风电和光伏发电的开发和运营业务。

2015年5月，海通证券深入宁夏，与宁夏嘉泽新能源股份有限公司确立了合作意向，并高效率地完成了企业重组、改制、辅导、引入外部投资者等程序。2017年6月14日报送嘉泽新能源首次公开发行股票招股说明书后。6月16日，证监会反馈意见。6月27日，嘉泽新能源（首发）获证监会发审委通过。

2017年7月20日，嘉泽新能在上海证券交易所上市发行，打破宁夏地区14年来没有企业主板上市的困境。本轮首次公开发行股票193712341只，每只面值人民币1元，每股发行价格人民币1.26元，募集资金总额为人民币244077549.66元，全部用于宁夏贫困地区风电项目。

3. 嘉泽新能上市带来的经济效益和社会效益

（1）经济效益

本次募集资金将用于主营业务发展，对公司实现总体战略目标具有积极的促进作用。募集资金投资项目全部建成并投产后，对公司产生积极影响：公司规模将得到较大提升，进一步巩固公司在民营风电领域的领先地位；有助于公司增加产能，提升竞争力，增强综合实力；有助于改善公司的财务资本结构；有助于公司缓解面临的资金短缺的压力；有助于公司改善盈利能力。嘉泽新能上市后，2017—2019 年，营业收入从83169 万元上升至111553 万元；净利润从16496 万元上升至29321 万元，如表 4 所示。

表4　　　　　　　　　上市前后嘉泽新能经营情况

报告日期	2019 – 12 – 31	2018 – 12 – 31	2017 – 12 – 31	2016 – 12 – 31	2015 – 12 – 31	2014 – 12 – 31	2013 – 12 – 31	2012 – 12 – 31
营业收入（万元）	111553	106909	83169	69172	37570	38925	23717	9466
营业成本（万元）	47845	44860	37684	30146	17973	16389	9389	3667
营业利润（万元）	30718	28121	15045	14106	2778	5011	4314	1278
利润总额（万元）	31020	28106	17063	14193	5423	5051	4287	1176
所得税费用（万元）	1699	1174	567	496	221	5	–1	–1
净利润（万元）	29321	26931	16496	13697	5202	5046	4288	1177
基本每股收益	0.15	0.14	0.09	0.08	0.04	0.04		

数据来源：东方财富网。

（2）社会效益

嘉泽新能项目具备很高的资本市场扶贫示范效应。企业借助资本市场，快速提升了企业实力，并在增加就业岗位、丰富当地税收、完善基建设施、践行社会责任等方面带来了良好的社会效益。

增加就业岗位。嘉泽新能根据行业用工特点，因地制宜地积极提供短期就业岗位，通过设备操作技能培训、机械设备租用等，为项目周边剩余劳动力提供短期就业岗位 2000 多人次，有效解决了剩余劳动力就业难的问题。同时，嘉泽新能在子公司建立了新能源教育培训基地，围绕行业需求和劳动力意愿，精准培训，探索出"政府引导、社会参与、企业主导"的订单式教育培训模式，现已培训同心、红寺堡贫困学子 2 期52 人，全部进入新能源行业就业，实现了培训一期、就业一期、脱贫一期的良性循环。

丰富当地税收。嘉泽新能坚持精准扶贫与纳税增长两轮驱动，以纳税的增长带动地方经济持续加快。截至目前，嘉泽新能共缴纳各项税收1804.63 万元，为带动吴忠市特别是同心县、红寺堡区等地经济社会的快速发展，起到了积极的作用。

完善基建设施。嘉泽新能以项目建设带动基础设施建设，打通了深度扶贫的"最后一公里"。嘉泽新能帮扶同心县马套子村、刘家川村等村修建道路 100 余公里，爱心水窖 50 多口，有效解决了工程项目所在地贫困群众出行难、饮水难的问题。

践行社会责任。嘉泽新能积极响应国家和自治区政府光伏精准扶贫的号召，结合国家发改委、国家能源局《关于实施光伏发电扶贫工作的意见》，已在同心县、红寺堡区申报光伏扶贫项目 150 兆瓦（MW）。项目建成后，预期带动建档立卡贫困对象 6000 人走上脱贫道路。

案例六 贵州罗甸县信邦制药的并购案例

贵州罗甸县信邦制药股份有限公司（以下简称信邦制药）成立于1995 年元月，注册地为贵州省罗甸县。罗甸县是贵州省黔南布依族苗族自治州管辖下的一个县，罗甸县地处云贵高原南缘向桂西北山区与丘陵过渡的斜坡地带，属于国家级贫困县。2010 年 4 月，公司在深圳证券交易所成功挂牌上市，股票代码：002390。目前，公司注册资本 16.67 亿元，总资产 102.29 亿元，归属于上市公司股东的净资产 48.10 亿元，下属 50 余家控股企业，员工近 7000 人，现已发展为一家集医疗服务、医药流通、制药工业为一体的全产业链企业集团。2019 年上半年，公司实现营业收入 32.78 亿元。

1. 信邦制药的并购重组进展情况

信邦制药自 2002 年起着手推进中药材产业扶贫工作，已先后在黔南州、黔西南州、遵义市、铜仁市、毕节市等地建设多个中药材推广种植基地。并通过用工合同、收购合同等契约关系，对农户种植的中药材实行保价收购，降低其务农风险。截至 2017 年，已累计带动 10 万多农户种植中药材 20 万亩。

公司上市后先后参股控股多家产业链公司：贵州卓大医药有限责任公司 30% 股权、六盘水安居医院有限公司 70% 股权、贵州中康泽爱医疗器械有限公司 51% 股权、贵州天医药方健康云服务有限公司 70% 的股权、江苏健民制药有限公司 76.28% 的股权。

2. 服务本地脱贫攻坚的主要经验做法和成效

一是发挥自身专业强项，为贫困地区提供健康扶贫。信邦制药与知名医院开展技术合作，如道真县中医院与重庆西南医院合作，通过重庆专家的定期坐诊，不仅倒逼该院软硬件实力的不断提升，也让道真县贫困患者就近享受到高水平的医疗服务，减轻患者经济压力。同时，集团下属医院通过组建医联体、定点帮扶、捐助设备物资等方式，切实提升基层医院的服务能力。2017 年，信邦制药下属贵州省肿瘤医院与 25 家医疗单位签署了医联体协议，全年共接收免费进修医护人员 7 名，并派驻医务人员定点帮扶印江县人民医院；贵州医科大学附属白云医院与该区沙文乡、都拉乡等 5 个乡镇卫生院签订医联体协议，全年定点定时或不定时开展脑卒中筛查、健康义诊及培训活动，并接收免费进修医护人员 1 名。道真县中医院派驻医务人员定点帮扶忠信镇、旧城镇等乡镇卫生院。

二是通过产业扶贫，帮助农户增产增收。2017 年 12 月，信邦集团与余庆县就该县中药材产业基地建设项目展开合作，双方将在余庆县白泥镇及周边乡镇建设 10000 亩以上的中药材产业基地。同时，公司在铜仁市碧江区和平乡、桐木坪乡以及坝黄镇开展黄精推广种植，逐步帮助 93 户建档立卡贫困户增收脱贫。

案例七　甘肃麦积区众兴菌业的并购案例

天水众兴菌业科技股份有限公司（以下简称众兴菌业）成立于 2005 年 11 月，是一家致力于食用菌研发、生产、销售的国家级农业产业化重点龙头企业。公司注册地址位于甘肃省天水市麦积区，属于国家级贫困县。公司现有员工3881多人，截至2018年底，公司总资产41亿元，实现年产能18万吨，销售收入9.26亿元。公司通过十年成长，在全国600多家食用菌企业中脱颖而出，于2015年6月26日在深圳证券交易所成功上市。公司的发展战略是以"立足西北、面向全国、走向世界"的生产基地布局战略。

公司上市后利用资本市场平台一口气参股或控股了多家产业链公司：眉山昌宏农业生物科技有限公司30%股权、湖北菇珍园菌业有限公司100%股权、四川丰藏现代农业有限公司24.1%股权、眉山昌宏农业生物科技有限公司70%股权、新乡市星河生物科技有限公司100%股权。公司不仅带动了当地食用菌产业发展做大，而且迅速在全国布点帮助全国菌菇生产区域集体致富。

案例八　筑博设计从深圳迁址西藏上市的扶贫案例

筑博设计股份有限公司成立于1996年，2012年正式改制为股份制公司，是具有建筑行业（建筑工程）甲级资质、城市规划甲级资质、市政行业（给水工程、道路工程、桥梁工程）专业乙级资质和风景园林工程设计专项乙级资质的综合设计机构。公司现有规模1700余人，其中专业技术及管理人才1600余人，25%以上人员拥有中高级职称、博士学位。

公司主要从事建筑设计及其相关业务的设计与咨询，业务涵盖建筑设计、城市规划、风景园林设计、室内设计等服务。公司致力于设计全产业链与建筑技术的综合开发，伴随市场发展及公司二十余年的积累，公司拓展了装配式建筑、BIM技术、绿色建筑、海绵城市、建筑智能化等设计以及相关的咨询服务。

筑博设计原来注册在深圳，为响应中央"富民兴藏、长期建藏"的方针和战略，公司于2017年5月迁址西藏，积极参与西藏地区民生、文化、教育、医疗等领域的建筑规划和设计，在拉萨教育城、顿珠金融城、西藏文化广电艺术中心等多个项目的建设中发挥了重要作用。2019年2月筑博设计递交申报上市材料，7个月就过会并顺利发行，享受了绿色通道政策，对西藏扶贫也发挥了积极作用。

案例九　中证焦桐基金在贫困地区设立子基金的扶贫案例

2017年以来，中证焦桐基金联合上市公司等机构在贫困地区设立扶贫产业子基金，通过扶贫子基金支持贫困地区以及服务贫困地区的企业。中证焦桐先后在井冈山、兰考地区等地成立扶贫产业子基金以点带面服务当地脱贫攻坚工作。在井冈山市成立"井冈山中证焦桐扶贫产业基金（有限合伙）"，基金总规模为2亿元人民币，基金立足井冈山面向全国，重点支持贫困地区特色产业（已完成对外投资一笔，标的为河北省张北县的马铃薯深加工产业）。2019年与郑州宇通客车股份有限公司在河南兰考地区设立总规模1亿元的"中证焦桐宇通（兰考）扶贫产业基金（有限合伙）"，立足兰考面向全国，重点支持贫困地区及服务贫困地区的优质产业。

中证焦桐积极发挥自身扶贫产业基金的优势，以基金形式分别支持了河南省内乡县电机、电芯产业发展，江西省吉安县水果深加工产业，河北省张北县马铃薯深加工等贫困地区特色产业。

2018年12月，中证焦桐通过旗下管理的扶贫子基金投资河北省张北县"雪川农业发展股份有限公司"（以下简称雪川农业）5000万元，为企业产业链并购延伸提供了资金支持。雪川农业在贫困户就业、土地流转、订单农业等方面解决了大量贫困人口就业问题，与200多家合作社、种植大户签订加工原料薯种植合同，为2000多个家庭提供稳定的经济收入来源。每年支付农民流转土地租金5000万元以上，为当地新增固定就业岗位1000多个，季节性非全日制用工2000多人，累计发放职工工资及福利4亿元。

第四章 利用资本市场债权
融资工具服务脱贫攻坚

一、债券市场服务脱贫攻坚的主要政策和扶贫债券类型

2011 年国务院颁布《中国农村扶贫开发纲要（2011—2020 年）》（以下简称《纲要》），指出我国扶贫开发已经从以解决温饱为主要任务的阶段转入巩固温饱成果、加快脱贫致富、改善生态环境、提高发展能力、缩小发展差距的新阶段。

围绕《纲要》提出的扶贫总目标，证监会、银保监会等各部委积极出台扶持的相关意见和办法，如表 4 - 1 所示。债券市场作为金融市场的

表 4 - 1　　　　　与债券市场服务脱贫攻坚相关的政策报告

政策报告名称	主要内容
《中共中央　国务院关于打赢脱贫攻坚战的决定》（中发〔2015〕34 号）	由国家开发银行和中国农业发展银行发行政策性金融债，按照微利或保本的原则发放长期贷款，中央财政给予 90% 的贷款贴息，专项用于易地扶贫搬迁
《中国证监会关于发挥资本市场作用服务国家脱贫攻坚战略的意见》（证监会公告〔2016〕19 号）	支持贫困地区企业利用多层次资本市场融资，对在贫困地区发行公司债、资产支持证券的，实行"专人对接、专项审核"，适用"即报即审"政策
《关于金融助推脱贫攻坚的实施意见》（银发〔2016〕84 号）	支持贫困地区符合条件的上市公司和非上市公众公司通过增发、配股，发行公司债、可转债等多种方式拓宽融资来源。金融机构要加大对贫困地区发行地方政府债券置换存量债务的支持力度，鼓励采取定向承销等方式参与债务置换，稳步化解贫困地区政府债务风险

政策报告名称	主要内容
《全国"十三五"易地扶贫搬迁规划》（发改地区〔2016〕2022号）	发展改革委负责落实易地扶贫搬迁专项建议债券，并单独制定管理办法
《关于金融支持深度贫困地区脱贫攻坚的意见》（银发〔2017〕286号）	拓宽深度贫困地区直接融资渠道，支持符合条件的企业通过发行短期融资券、中期票据、扶贫票据、社会效应债券等债务融资工具筹集资金，实行会费减半的优惠
《上海证券交易所公司债券融资监管问答——扶贫专项公司债券》	明确了扶贫专项公司债券的认定范围和更贴近发债企业需求的募集资金用途要求，列举了募集资金可投资的精准扶贫项目，以及上交所对于扶贫公司债券申报发行的支持措施，为扶贫债券开辟审核绿色通道
《非金融企业扶贫票据业务指引》（中国银行间市场交易商协会公告〔2019〕13号）	注重精准施策，明确每期扶贫票据发行规模中的精准扶贫用途不低于30%，强化后续管理，要求企业定期披露资金使用及项目进展情况，并规范存续期的用途变更

重要组成部分，也在资本市场服务脱贫攻坚中发挥了重要的作用。多个扶贫文件中针对债券市场服务脱贫攻坚做出了明确的指示。

从文件中来看，债券市场支持脱贫攻坚的政策指引体系与顶层设计已基本完善。要求与目标非常明确，在此框架下各市场主体的实践与创新效果是本部分重点关注的重要方向。

根据发行主体来划分，其一，银行等金融机构发行的扶贫专项金融债，以充裕银行机构可用于扶贫项目或贫困地区的信贷资金；其二，以普通企业为发行主体，募集资金将直接投资于扶贫项目或贫困地区，具体扶贫债券类型如下。

（一）扶贫专项金融债券

《中共中央国务院关于打赢脱贫攻坚战的决定》（中发〔2015〕34号）明确要求国开行、农发行"发行政策性金融债，按照微利或保本的原则发放长期贷款，中央财政给予90%的贷款贴息，专项用于易地扶贫搬迁"。为响应文件精神，人民银行推出了扶贫专项金融债这一创新品种，发行主体为国开行、农发行两大政策性银行，发行场所为银行间债券市场，募集资金全部用于投放易地扶贫搬迁信贷资金。

以农发行为例，其于 2016—2020 年累计发行扶贫债券 1790 亿元，2016 年发行的第十二期和第十三期扶贫专项金融债券的利率分别为2.63%、2.98%，2018 年发行的第五期扶贫债券的利率为 4.13%。其投放的项目广泛分布在广西、湖南、湖北、河北、河南、山西、云南、贵州、内蒙古、宁夏等多个省市的贫困地区，共惠及数百万建档立卡贫困搬迁人口①。国家开发银行也利用债券市场扶贫的相关政策，于 2016—2020 年累计发行 1811.76 亿元，并在 2018 年全年共发行 4 期、163.38 亿元易地扶贫搬迁专项金融债券，主承销发行 7 只、84 亿元扶贫专项债务融资工具，积极引导社会资金投向脱贫攻坚重点领域②。

除扶贫专项金融债券以外，政策性银行、商业银行还可通过发行基础设施专项金融债、"三农"专项金融债等其他类型的金融债，以更大程度地扶持贫困地区企业或项目。

（二）扶贫信用债券

扶贫信用债券主要是指非金融企业发行的涉贫债券，按照发行人所属地区大致可以划分为两类：一类是贫困地区企业发行债券；另一类是募集资金用途投向贫困区域和扶贫项目的债券或者用于偿还精准扶贫项目贷款。具体来看，根据监督体系的不同可以分为三个类型，包括由国家发改委主管的扶贫企业债券，由上交所、深交所主管的扶贫公司债券，以及由交易商协会主管的非金融企业扶贫专项票据，这三类扶贫专项债券的监管要点如表 4-2 所示。

在政策的指引下，近年来扶贫信用债持续推进各项业务的进程。自2016 年起，上交所针对贫困地区企业开通了公司债券和资产支持证券的"绿色通道"，实行"专人对接、专人专审、即报即审"。截至 2019 年 9 月底，上交所债券市场累计支持发行扶贫债券 239.6 亿元。其中，发行扶贫专项公司债券 170.2 亿元，扶贫资产支持证券 69.4 亿元③。发债企

---

① 数据来源于和讯网。
② 数据来源于国家开发银行 2018 年年报公布数据。
③ 数据来源于上交所 2019 年 10 月 17 日公布数据。

表4－2 三类扶贫专项债券的政策要点

监管体系	发行部门	相关文件	债券类型	发行人方面	募投项目	募集资金用途
发改委	国家发改委、省发改委	《全国"十三五"易地扶贫搬迁规划》（发改地区〔2016〕2022号）	扶贫企业债券		未作明确规定	募集资金100%投向扶贫项目建设和运营，不得置换项目资本金或偿还与项目有关的其他债务
证监会	上交所、深交所	《上海证券交易所公司债券融资监管问答——扶贫专项公司债券》《深圳证券交易所扶贫专项公司债券相关问题解答》	扶贫公司债券、扶贫资产支持证券	均不强制要求发行人的注册地在贫困地区（包括国家级贫困县、连片特困地区、"深度贫困地区"）	基础设施建设、易地扶贫搬迁、产业扶贫、就业扶贫、生态环保扶贫等	对于注册地在贫困地区的企业所发行的债券的募集资金用途不作限制；对于注册地在非贫困地区的企业所发行的债券的募集资金则要求用于精准扶贫项目的建设、运营、收购或者偿还精准扶贫项目贷款，且占比不得低于募集资金总额的50%
人民银行	银行间市场交易商协会	《非金融企业扶贫票据业务指引》（中国银行间市场交易商协会公告〔2019〕13号）	扶贫中票、扶贫短融、扶贫资产支持票据		符合人行金融精准扶贫要求，精准支持建档立卡贫困人口，其中基础设施建设类项目需满足服务区域贫困人口数不低于区域总人口数的10%，产业扶贫项目应通过吸纳就业或签订帮扶协议等方式带动扶贫工作，其他类型精准扶贫用途也应促进改善贫困人口生产生活条件及就业	发行金额100%用于精准扶贫项目建设、偿还精准扶贫项目借款或补充精准扶贫项目营运资金等扶贫用途

业已覆盖贵州、安徽、湖南、重庆等十多个省市的贫困地区，发行人以国有市政建设企业为主，募集资金用途涵盖易地扶贫搬迁、产业扶贫、生态扶贫等领域。此外，交易商协会于 2017 年初探索开展扶贫票据工作，截至 2019 年 5 月末，累计支持 17 个省（自治区、直辖市）23 家企业发行扶贫票据 31 期 349 亿元，募集资金主要用于贫困地区精准扶贫项目，带动 100 多个贫困县的扶贫工作[1]。

（三）扶贫资产证券化产品

扶贫资产证券化产品是利用当地能产生稳定现金流的资产进行证券化，实现高效、低成本、风险可控的融资，是实现金融脱贫的重要手段。根据主管部门的划分，主要分为由证监会主管企业资产支持证券、银保监会主管的信贷资产支持证券，以及由银行间市场交易商协会主管的资产支持票据。具有代表性的扶贫资产证券化产品又分为债权类资产、收益类资产、权利凭证类资产为基础资产的证券化产品。

以债权类资产为基础资产的扶贫 ABS[2]："中金－贵诚惠农微贷资产支持专项计划。"原始权益人华能贵诚信托有限公司向扶贫对象发放用于生产经营活动的贷款，通过资产证券化项目发行的募集资金总额 2 亿元，其中优先级证券规模 1.84 亿元，分层占比 92%。此举能充裕华能贵诚信托开展农村金融业务所需资金，进而能为更多贫困地区的小微企业主提供便捷的金融服务。

以收益权类资产为基础资产的扶贫 ABS："国金－阆中天然气资产支持专项计划"。其原始权益人四川阆中燃气有限公司位于原国家级贫困县四川省南充市阆中县，以天然气收费收益权为基础资产，总发行规模 5.25 亿元，其中优先级证券规模 5 亿元，分层占比 95.24%。有利于阆中市进一步完善城乡供气网络，提高当地用气安全，改善居民出行环境。

以权利凭证类资产为基础资产的扶贫 ABS："开源－普者黑国家级

---

① 数据来源于中国银行间市场交易商协会公布数据。
② ABS 是以项目所属的资产为支撑的证券化融资方式。

景区扶贫资产支持专项计划"。作为上交所发行的首单旅游扶贫 ABS。其原始权益人为云南普者黑文化旅游开发有限公司,位于国家级贫困县云南省文山壮族苗族自治州丘北县,以普者黑景区游船凭证作为未来收益来源,发行规模 7.5 亿元,其中优先级证券规模 7.1 亿元,分层占比 94.67%,募集资金主要用于景区建设和运营,提升国家级贫困县旅游产业服务质量。

综上所述,我国已形成包括扶贫专项金融债、扶贫信用债、扶贫资产证券化产品在内的较为完整的扶贫债券体系。虽然不同债券品种在发行主体、扶贫方式上存在差异,但其本质均在于更好地发挥金融扶贫功能,帮助更多贫困地区和贫困人口实现脱贫致富。

二、债券市场支持脱贫攻坚的发展现状

(一) 扶贫债券发行规模

在利好政策的推动下,我国扶贫债券的发行数量和发行规模逐年增加。自 2016 年初至 2020 年 3 月,扶贫债券的发行数量共计 106 只,分为扶贫专项金融债和扶贫信用债,参与债券发行主体共计 69 个,发行规模共计 4343.24 亿元。其中,2016 年、2017 年、2018 年、2019 年发行的扶贫债券数量分别为 3 只、16 只、32 只、50 只,发行规模分别为 1035 亿元、752.38 亿元、2153.23 亿元、372.19 亿元。2020 年发行的扶贫债券的数量为 5 只,发行规模为 30.44 亿元(截至 2020 年 3 月初的数据)。

具体来看,国家开发银行和中国农业发展银行这两大政策性银行仍是扶贫专项金融债券的发行主力,截至 2020 年 3 月,国开行的发行规模为 1811.76 亿元,农发行为 1790 亿元。

扶贫信用债的规模和数量也呈上升趋势(见图 4 - 1),2016 年、2017 年、2018 年、2019 年的发行数量分别为 1 只、14 只、27 只、48 只,发行规模分别为 5 亿元、138 亿元、191.45 亿元、369.6 亿元。

截至 2020 年 2 月,交易所债券市场共支持贫困地区企业发行扶贫公司债和资产支持证券 527.75 亿元(见表 4 - 3)。发债企业所在贫困地区

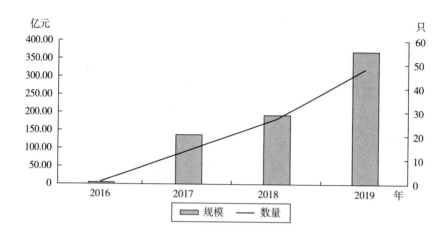

图 4-1 扶贫信用债的发行情况

（数据来源：Wind 数据库）

已覆盖贵州、安徽、湖南、重庆等全国十余省市，募集资金用途涵盖易地扶贫搬迁、产业扶贫、生态扶贫等领域（见表4-4）。

表 4-3 2015—2020 年扶贫公司债券和扶贫资产支持证券统计

年份	扶贫公司债券	扶贫资产支持证券	合计
2015	76.2 亿元	43.22 亿元	119.42 亿元
2016	105.5 亿元	13.40 亿元	118.9 亿元
2017	38 亿元	21.01 亿元	59.01 亿元
2018	26.1 亿元	17.73 亿元	43.83 亿元
2019	72.4 亿元	15.29 亿元	164.09 亿元
2020 年（1—2 月）	22.5 亿元	0 亿元	22.5 亿元
合计	417.1 亿元	110.65 亿元	527.75 亿元

表 4-4 贫困地区企业债券发行情况（部分）

发行时间	项目名称	证券公司名称	项目说明	项目效果
2016 年 7 月	云南文产巴拉格宗景区入园凭证资产支持专项计划	华林证券	还款来源为巴拉格宗国家 AAAA 级风景名胜区未来门票、观光车、漂流设备的销售收入	该计划充分挖掘巴拉格宗风景区丰富的旅游资源，探索贫困地区利用自然旅游资源创新融资手段的路径

续表

发行时间	项目名称	证券公司名称	项目说明	项目效果
2016 年 9 月	泸州市易地搬迁项目收益	国开证券、华西证券	还款来源为易地扶贫搬迁项目使用城乡建设用地增减挂钩收益	该债券的成功发行创新了易地扶贫搬迁融资模式，开创了以债券形式支持扶贫开发的先例，为国家脱贫攻坚行动探索了新的融资路径
2016 年 9 月	牧原集团可交换公司债	招商证券	融资总额 21.5 亿元，债券的票息低于同类纯债，探索利用可交换公司债的形式降低企业融资成本	
2016 年 10 月	贵州省水城县城市投资开发有限责任公司公司债券	广州证券	2016 年 10 月，贵州省水城县城市投资开发有限责任公司非公开发行 5 亿元公司债券；11 月，公开发行 10.6 亿元公司债券	所募资金主要用于水城县 6 个棚户区改造项目，涉及土地面积 3550462.26 平方米，房屋面积 421826.27 平方米，户数 4281 户
2017 年 2 月	新水源污水处理服务收费收益权资产支持专项计划	太平洋证券	在机构间私募产品报价与服务系统成功发行，项目发行总规模 8.4 亿元，是乌鲁木齐市先行尝试的 PPP 项目之一，已纳入财政部公布的 PPP 项目库	落实资本市场支持新疆发展座谈会精神、践行金融援疆号召的具体行动
2017 年 10 月	十堰市郧阳区城市投资开发有限公司公司债券	长江证券	债券期限 7 年，所筹资金中 6.5 亿元用于郧阳区棚户区改造项目，直接受益对象 3343 户	
2018 年 3 月	第一期贵州省普定县夜郎国有资产投资营运有限责任公司的城市停车场建设专项债券	中山证券	发行总额 4 亿元	普定债的成功发行，对当地百姓稳定就业、完善基础设施建设、改善文化教育卫生状况、提升人民生活水平和生活质量、推动社会服务容量和城市化进度等产生非常大的帮助

发行时间	项目名称	证券公司名称	项目说明	项目效果
2018年5月	于都县振兴投资开发有限公司"18于都振兴债"	广州证券	发行主体于都县振兴投资开发有限公司位于国家级贫困县江西省于都县,承担着当地基础设施建设等职能,成功募集资金10亿元	本次债券发行有利于推动当地基础设施和公共服务的建设,破除地区发展瓶颈
2018年6月	酉阳县桃花源旅游投资有限公司非公开发行2018年扶贫专项公司债券("S18酉阳")	广州证券	发行人位于国家级贫困县重庆市酉阳土家族苗族自治县,负责县域内重要旅游资源的开发、建设、管理,成功发行6亿元扶贫专项公司债券	
2018年11月	贵州水城水务投资有限责任公司发行公司债券	五矿证券	筹集资金15亿元,其中,11.5亿元将用于贵州省六盘水市野玉海景区旅游综合开发项目,3.5亿元将用于补充公司营运资金	该只债券的顺利发行将有效推动贵州省六盘水市野玉海景区的发展,探索出可供借鉴的旅游减贫范例
2018年12月	2018年大荔县城镇开发投资有限责任公司公司债券	开源证券	债券募集资金8亿元	对化解大荔县融资难、促进产业扶贫和重点项目建设、推动传统融资业务模式转型升级、优化债务结构具有特殊意义,对陕西省其他贫困县域产生示范引领作用

资料来源:作者根据证券业协会发布的公开报告自行整理。

(二)扶贫债券发行主体的地区分布和募集方式

从扶贫信用债券的发行主体看,目前主要有两种形式:第一种形式是贫困地区的企业到资本市场直接进行融资;第二种形式是非贫困地区的企业通过资本市场融资,募集资金用于贫困地区的项目。从目前的统计数据看，第二种形式更为普遍和广泛。以公司债券市场为例，近三年交易所市场共发行了 39 只扶贫公司债，其中注册地在贫困地区的企业发行了 11 只，融资规模 48.2 亿元；注册地在非贫困地区的企业发行了 28 只，融资规模 203.2 亿元，如表 4 - 5 所示。

表 4 - 5　　　　　　　　扶贫公司债发行方注册地情况

扶贫债发行主体所在地	2019 年		2018 年		2017 年	
	发行只数	发行规模（亿元）	发行只数	发行规模（亿元）	发行只数	发行规模（亿元）
贫困地区企业	11	48.2	0	0	0	0
非贫困地区企业	20	174.1	7	26.1	1	3

数据来源：Wind 数据库。

从发行方式看，扶贫公司债以私募发行为主，2017—2019 年只有 2 家企业是通过公募方式发行了扶贫债券，如表 4 - 6 所示。

表 4 - 6　　　　　　　　扶贫公司债募集方式

扶贫债券发行方式	2019 年		2018 年		2017 年	
	公募（只）	私募（只）	公募（只）	私募（只）	公募（只）	私募（只）
扶贫地区企业	0	11	0	0	0	0
非扶贫地区企业	1	19	1	6	0	1

数据来源：Wind 数据库。

（三）扶贫债券的发行方式与期限

在发行方式来看，截至 2020 年 2 月，扶贫债券主要以公募为主，发行数量为 55 只，规模总计 4035.95 亿元；私募发行的扶贫债券数量为 49 只，规模总计 292.3 亿元。[①] 在债券的期限方面，以 3 年及以下、5 年期为主，7 年及以上的债券数量较少，如表 4 - 7 所示。

_____

① "国药租赁扶贫 2018 - 1""华润扶贫 2020 - 1"为资产支持票据，其结构划分中，优先级资产支持票据为公募，次级资产支持票据为私募，故未综合列入统计范围内。

表4－7 扶贫债券的期限与规模

期限	数量（只）	规模（亿元）
1 年及以下	14	111.50
2 年	2	411.00
3 年	34	2538.16
4 年	1	0.60
5 年	37	1183.90
7 年及以上	11	40.99

注：资产支持票据与资产支持证券未列入统计。

数据来源：Wind 数据库。

（四）扶贫信用债的债券类型

截至 2020 年 3 月，已发行的扶贫信用债券融资项目共 95 个，共计融资 734.5 亿元（见表4－8）。在债券类型方面，按照发行审批部门划分，信用债券发行主要由两大政府部门管理，发改委和证监会，发改委主要负责非上市公司的企业债发行，证监会负责其他类型的债券发行和管理。从表4－8 可以看出，发改委监管的企业债运用较少，已发行的债券数量仅为 4 只，规模合计 20 亿元，且均为私募的项目收益债。证监会主管的公司债被较多的企业选择为融资工具，以非公开发行的公司债为主；其次是中期票据和资产支持证券。

表4－8 扶贫信用债的债券类型

债券类型	数量（只）	规模（亿元）
企业债	4	20.0
公司债	42	241.2
中期票据	28	304.7
短期融资券	2	40.0
超短期融资券	12	71.5
资产支持证券	5	42.1
资产支持票据	2	15.0
合计	95	734.5

数据来源：Wind 数据库。

不同债券类型的发行数量和规模不尽相同，这很可能与不同发行审批部门对扶贫信用债券募集资金的使用投向严格程度相关。从扶贫信用债相关的监管规定可知，发改委监管的扶贫项目收益债要求募集资金100%用于扶贫项目建设、运营（普通的扶贫企业债无明确要求），虽提高了债券扶贫的针对性，但也严格限制了资金的使用流向，大大降低了资金使用的灵活程度。相比之下，证监会监管下的扶贫公司债要求用于精准扶贫用途的占比不得低于募集资金总额的50%，交易商协会主管的扶贫票据则要求不得低于募集资金总额的30%，二者较为宽松的资金使用条件迎来了更多企业的青睐。因此我们观察到发改委监管审批的企业债发行数量较少，投资者更倾向于选择证监会监管审批的公司债、中期票据、短期融资券、超短期融资券等债券类型。

（五）扶贫债券利率及信用评级

总观2016年至2020年3月发行的所有扶贫债券，票面利率区间为2.6%~8.5%，AAA信用级别的债券最低发行利率为2.6%，为扶贫债券的融资缩小了成本。然而有些扶贫债券的利率水平较基准利率上浮较大，如发行时债项评级 AA＋级债券"17贵州高投 MTN001"的利率较基准利率3.59%上浮了190个基点，达到5.49%。

从信用级别来看，扶贫信用债的发行人主体评级较多的集中在 AAA 级和 AA 级，其中主体评级为 AAA 级的发行人所发债券的规模达到377.5亿元，占全部扶贫信用债发行规模的比重接近五成，表明多数的扶贫信用债的发行主体具有较高的信用资质。在债项级别方面，AAA 级、AA＋级的债券规模共计356亿元（见表4－9），占全部扶贫信用债发行规模的48.5%，可以看出目前已发行的扶贫信用债券有较高的信用水平。

表4－9　　　　　　　　　　扶贫信用债的信用评级

主体评级	数量（只）	规模（亿元）	债项评级	数量（只）	规模（亿元）
AAA	27	377.5	AAA	23	260.00
AA＋	14	117.8	AA＋	14	96.00
AA	31	126.3	AA	14	52.95
AA－	8	17.8	AA－	2	40.00
其他	15	95.1	其他	42	285.55
合计	95	734.5	合计	95	734.50

注：信用评级数据来源于 Wind 公开数据，可能存在非公开的信用评级。

数据来源：Wind 数据库。

三、债券市场与股票市场服务脱贫攻坚的差异分析

（一）发行主体更为广泛

IPO 的发行主体为贫困地区的优秀公司。IPO 是资本市场主要的融资方式，也是资本市场服务脱贫攻坚中最受到关注的主体。2016 年 9 月 9 日证监会发布了《中国证监会关于发挥资本市场作用服务国家脱贫攻坚战略的意见》（以下简称《意见》），指出注册地和主要生产经营地均在贫困地区，且开展生产经营满三年、缴纳所得税满三年的企业，或者注册地在贫困地区、最近一年在贫困地区缴纳所得税不低于 2000 万元且承诺上市后三年内不变更注册地的企业，申请首次公开发行股票并上市的，适用"即报即审、审过即发"政策，为贫困地区企业 IPO 开辟了绿色通道。然而截至 2019 年 10 月，有 13 家企业通过"绿色通道"政策首发上市，累计募资 74 亿元，另有 66 家拟上市企业正在筹备上市工作。[①] IPO 扶贫新政虽然给予贫困地区绿色通道，但为确保扶贫发挥实效，对扶贫地区的企业仍然坚持发行上市条件不降低、审核标准不降低、审核环节不减少、审核程序不压缩的原则，这并未对企业降低要求，能够发挥股票市场支持脱贫攻坚作用的前提是贫困地区有符合条件的公司，而贫困地区往往经济发展水平较弱，缺乏有带动性的大企业，最终"巧妇难为无米之炊"。

反观拥有广泛的发行主体和建设项目的债券市场，大大提高了债券的扶贫精准度和经济效益。其一，就扶贫债券参与主体来看，除了企业主体之外，当地地方政府、政策性金融机构均可以作为发行主体。这大大拓展了利用债券融资的可行性。如果当地不具有符合债券发行的企业，那么可以政策性金融机构融资、地方政府债券融资的方式，筹措资金支持贫困地区。截至 2019 年底，扶贫债券的发行主力仍然是地方政府各级融资平台和政策性银行，二者的发行规模占到所有扶贫债券的 80% 以

---

① 数据来源于中国证监会公布数据。

上。其二，就发行主体的所在地来看，也不再限于贫困地区，可以是注册地在贫困地区（包括国家级贫困县、连片特困地区和"深度贫困地区"）的企业发行的专项债券，也可以是发行人注册地不在贫困地区，但筹集资金主要用于精准扶贫项目建设、运营、收购或者偿还精准扶贫项目贷款的债券。这为非贫困地区的企业支持贫困地区发展提供了资金筹措的渠道。

（二）融资方式更灵活

在我国股权融资难度较高，等待期长，虽然有增发等各种 SEO 渠道，但公司多选择在 IPO 时，多发行股份，以此满足发行后一段时期的资金需求。由此，股权融资资金流的特点是，一次性融资获得大笔资金需求，公司需要在短时期内，将融资资金实现有效利用。尤其是通过扶贫绿色通道获批的 IPO 项目，资金利用情况还需要通过证监会的后评估和审查，短期内资金利用压力较大。

债券市场的现金流方式较为多样，期限上可以根据自身资金需求的现金流特点，选择适当的期限。若是短期需求资金可以选择短融和超短融，中等期限可以选择中期票据。还可以根据资金的需求时间，分多期发行。偿还方式上，可以选择按年、按半年计息，也可以选择可转债等债券和股权相结合的方式，提供更为丰富和多样的资金规划。

（三）资金投向更为丰富

股权融资是通过带动贫困地区企业发展，通过产业扶贫的方式，带动更多的贫困户脱贫。贫困地区企业只有保持持续的盈利能力、形成稳定的业务，才能寻求自身的竞争优势，从而扩大股票市场对其的融资规模，带动当地的整体收入水平。但在企业稳步发展建立自身生存基础的同时，也限制了资金多样化的使用途径。

相比之下债券市场在资金投向方面，涉及范围更广。扶贫债券涉及的扶贫项目主要可以分为基建扶贫、产业扶贫和易地扶贫三大类。基建扶贫项目主要是扶贫高速公路建设项目，同时也包括铁路建设项目、高速服务区设施建设等；产业扶贫项目包括光伏扶贫项目、扶贫水泥厂建设项目、生态扶贫项目等，种类较为丰富；易地扶贫项目主要涉及易地搬迁安置项目。通过各类项目涉及的债券数量和规模来看，涉及基建项目的债券数量和规模最大。

四、债券市场扶贫的效果分析

资本市场作为市场化的扶贫手段，我们主要从专业性、真实性和可持续性三个方面，结合详细的案例分析的方式，对债券市场扶贫的效果展开分析。扶贫不能仅靠外部"输血"，还必须与内部"造血"式脱贫相结合，通过自身"造血"巩固"输血"的成果，加强贫困地区扶贫的"真实性"，形成脱贫攻坚的长效机制。资本市场还要注重扶贫的可持续性，与贫困地区形成脱贫共同体，和贫困地区的利益紧密相连，通过利益共享、风险共担，加强双方可持续合作发展的意愿。同时，资本市场需要注重扶贫模式的可复制性，以在更大范围内推广创新扶贫模式。

（一）债券市场扶贫是金融专业化运作与公益属性的有效结合

债券发行必须遵循专业的金融运作，债券的信用风险水平，评级档次，未来还款来源的稳定性，均是投资者关注的问题。由此对扶贫债券的产品设计提出了更高的要求，需要兼顾财务和社会绩效的实现。在已经发行的扶贫债券中，因地制宜针对各自的情况进行了专业化的设计，在附后的案例中均展开了详细的分析，如《四川泸州市易地扶贫搬迁项目收益债券》中，巧妙地运用土地增减挂钩政策形成的未来土地交易收益权作为还款的来源，解决了重要的未来现金流来源的问题。

但专业化和市场化的运作，也是制约很多贫困地区利用债券市场扶贫的重要原因，如在发行主体的信用评级方面，贫困地区基础设施建设的债券的发行主体多为与地方政府相关的融资平台，由于贫困地区经济发展较为薄弱，未来的还款来源有限，多数地方政府的负债率较高，融资平台的信用资信有限，难以达到 AA - 级别。因此，如何提高融资主体的信用等级，达到债券发行的要求，这是债券融资助力贫困地区基础设施建设的关键，也形成了很多贫困地区进入债券市场的门槛。

（二）支持基础设施建设是扶贫债券主要的资金投放方向

发展产业是激活贫困人群"造血"功能最直接、最有效的办法。但从目前的发行情况来看，直接与产业发展相联系的债券扶贫占比不高，在支持产业发展的债券发行中，主要是以促进当地旅游业发展为主，如云南省普者黑发行的"开源－普者黑国家级景区扶贫资产支持专项计划"，四川省发行的"宣汉县巴山大峡谷旅游扶贫开发建设专项债券"。上市公司并不是扶贫债券的发行主体，极少上市公司发行扶贫债券，这极有可能与扶贫债券的资金投向要求相关。

从已经发行的债券情况来看，各级地方政府平台是发行主体，主要的债券用途是支持道路和高速公路等基础设施建设，促进当地经济发展，进而提升贫困群体收入。贫困地区在农村基础设施和公共服务方面存在较大的短板，扶贫提出了加大农村公共基础设施建设力度、扎实搞好农村人居环境整治等任务。基础设施建设的投入具有资金需求大、项目周期长、参与主体多等特点，恰好与债权的融资方式和模式相契合，因此，地方政府和各级融资平台利用债券市场扶贫的政策，引入合适的借款主体，利用债券融资方式为其服务，该部分职能详见《安徽舒城县公路升级改造工程项目债券》和《河南确山县蓝天燃气融资租赁项目的售后回租融资》这两个案例分析。但基础设施建设的提升能否有效地促进经济的发展，基础设施建设投资效率如何，还有待进一步观察。

再者，金融机构是金融扶贫的重要参与者，但金融机构本身也面临资金来源的问题，因此扶贫债券成为政策性金融机构和小额贷款公司等类金融机构重要的资金补充来源，具体详见《国开行发行开元信贷资产支持证券》案例的分析。

（三）资产信用可以破除融资壁垒

贫困地区金融基础设施不完善，企业筹资渠道有限，可获得的银行授信额度较低。但贫困地区有好的资产，通过发行资产支持证券，可依托资产信用，盘活企业存量资产，拓宽扶贫资金来源。资产支持证券可同时惠及多个扶贫县，受益面广，带动性强。如"平安中信富通租赁一期资产支持专项计划"，基础资产为融资租赁债权，入池资产共计36笔，底层承租人涉及11个国家级贫困县的12笔资产，包括定边县、汾西县、平山县、桦南县等。以资产信用代替主体信用，可有效帮助贫困县城企业跨越融资难屏障。

五、债券市场扶贫存在的问题

（一）投资者积极性有待进一步挖掘

从2016年国家出台各项扶贫政策以来，扶贫专项债发行规模逐年递增，但与普通公司债相比，整体规模还是很小。除了发行门槛高等因素外，另一个主要原因是销售难度问题，即投资者问题。产品顺利的设计和通过发行审批后，难以找到投资者认购，那么就无法完成通过资本市场融资功能，这也是影响部分发行人和中介机构发展扶贫债市场的重要原因。

具体来看，一方面，在投资政策上，相关监管部门并未专门制定扶贫债的投资指引，所以投资者在投资扶贫债时还需要参考以往的一般债券的标准来进行评审是否可以认购。由于大多数的投资者指引设置了量化指标，比如对发行主体资产规模、盈利能力、资信水平等方面的要求，通常贫困地区的企业以及当地的经济实力很难满足，所以多以非贫困地区的企业发行债券，募集资金用于贫困地区项目建设的方式为主；即使能够满足申报条件的贫困地区企业，也基本只能采用私募方式发行，也是因为与公募面向广大投资者发行相比，私募方式发行由于面向特定投资者，因此各方面要求、标准都会比较宽松，但同时发行利率水平也是要显著高于公募发行的。所有贫困地区企业虽然受益国家的政策能够通过资本市场融资，但由于缺乏有针对性的标准和发行门槛，也是要付出较高的融资成本的。

另一方面，在投后管理上，由于目前的相关政策面未考虑到推动投资端的积极性，因此投资者购买的扶贫债没有相关政策优惠，或计入考评加分项等政策，也影响了投资认购扶贫债的积极性。

（二）监管政策协同有待进一步完善

为落实国家脱贫攻坚战略，2016 年 3 月 16 日七部委联合印发《关于金融助推脱贫攻坚的实施意见》，随后各部委、监管部门也相应出台了各自指导意见，为金融行业助推脱贫攻坚指明了方向，实现了较好的效果。但也存在政策间进一步相互协同的问题。比如，目前的政策多集中在前端，即申请审核端，出台了很多鼓励政策、便利措施，鼓励贫困地区企业、中介机构积极通过资本市场助推脱贫攻坚，但在发行端、投资者层面的政策力度需要进一步加强。另外，其他相关的部门，比如税务、登记托管机构也存在政策协调的必要性。

（三）扶贫债券的还款来源多来自土地收益，地方政府的偿债能力是影响可持续发展的关键

多数由地方政府融资平台发行的扶贫债券，其还款来源都是以土地的相关收益作为偿债保证，市场化的经营性现金流较弱，其他经营性的收入来源有限，项目自身盈利能力差且现金流收入不稳定。且在地方政府层面，精准扶贫、生态环保、棚户区改造等各种领域的专项债互相交织，也不否认存在"一女多嫁"、高杠杆运作，借新债还旧债的情况。由此，切实提高贫困地区的经济发展水平，通过基础设施的发展带动经济的增长，这才是扶贫债券能够发挥长效机制的关键。

六、关于利用债券市场扶贫的相关建议

扶贫工作是一项长期艰苦的工作，正如习总书记指出的，脱贫攻坚战不是轻轻松松一冲锋就能打赢的，必须高度重视面临的困难挑战。剩余脱贫攻坚任务艰巨，新冠肺炎疫情带来新的挑战，巩固脱贫成果难度很大，部分贫困群众发展的内生动力不足，脱贫攻坚工作需要加强。今年是脱贫攻坚战最后一年，收官之年又遭遇疫情影响，各项工作任务更重、要求更高。各地区各部门要坚定不移把党中央决策部署落实好，确保如期完成脱贫攻坚目标任务。

（一）推动适应贫困地区企业资本市场融资的发行审核条件

2019 年 12 月 28 日《中华人民共和国证券法》修订通过，自 2020 年 3 月 1 日起施行。新的《证券法》关于公开发行债券中取消了"最低公司净资产""累计债券余额不超过公司净资产的百分之四十""公司债券的期限为一年以上"等硬性条件，《中华人民共和国证券法》作为指引证券市场交易的最高法律，将指引交易所交易细则的修改，在此之下会越来越有利于贫困地区企业通过资本市场融资。

（二）给予扶贫债券投资者税收优惠政策

为了推动投资者对扶贫债的积极参与，建议可以比照国债、政策性金融债和政府支持债券的标准，给予扶贫债投资者利息所得税减免或减半的税收优惠政策。这样一方面由于投资者的实际收益水平提高，会有积极性参与扶贫债的认购；另一方面由于有免税或减税带来的效应，投资者在扶贫债的定价上也会较目前有下降，有利于降低扶贫债发行主体的融资成本，获得实惠，是双赢的措施。

（三）制定扶贫债投资专项指引或指导意见，投资额度计入年度考评加分项

针对保险公司、证券公司、商业银行、基金公司等债券市场的主要投资者，建议监管部门针对扶贫债制定专项投资指引或指导意见，在控制风险的情况下，鼓励积极参与扶贫债的认购。同时，可将各机构年度认购额计入当年履行社会责任等考评的加分项。

案例十　四川泸州市易地扶贫搬迁项目收益债券

1. 首例易地扶贫搬迁项目债

（1）问题的提出

易地扶贫搬迁是综合性的工程，其中资金的支持尤为重要，资金能否足额筹措到位，是完成易地扶贫搬迁建设任务的必要条件。金融市场是资金筹集的有效来源，但金融市场有自身运行的规则，如何有效运用各类金融工具，兼顾资本市场投资者对盈利的需要和脱贫的社会绩效的

目标，利用资本市场解决易地扶贫搬迁中的资金问题？是值得探索的问题，泸州市易地扶贫搬迁项目收益债券是全国首例易地扶贫搬迁项目收益债，本文拟通过该案例的分析，尝试回答上述问题。

（2）叙永和古蔺县的易地扶贫搬迁的资金需求分析

乌蒙山片区包括四川、贵州和云南三省毗邻地区的38个县市，四川省泸州市叙永和古蔺两县也包括在内。两县均处于四川盆地边缘，自然环境差，山高坡陡谷深，基础设施落后、公共服务滞后。两县都是国家贫困开发工作重点县。囿于经济、社会、文化、传统习俗等多方面因素的限制，相当一部分群众居住在深山、荒漠等生存环境恶劣、不具备基本发展条件的地区，就地发展难度大、投入高，因此，需要采用易地搬迁的脱贫方法。

经过测算，2个县35个镇215个村共28625户需实施搬迁，搬迁人口112101人，其中贫困户16647户，贫困人口65413人。拆迁房屋面积7357395.68平方米，复垦原居住地宅基地耕地面积33137.93亩。估计总资金需要60.537998亿元左右，但由于一些限制，难以完全通过信贷的方式获得支持。

（3）泸州市易地扶贫搬迁项目收益债券的方案设计

在总体的60.5亿元资金需求中，有部分自筹资金，也有部分资金可以通过国家开发银行信贷的方式获得，但综合考虑，仍存在20亿元的资金缺口，在此情况下，国家开发银行考虑可以通过债券融资的形式，设计"债券+信贷"的组合产品，满足当地易地扶贫搬迁的资金需求。国开证券负责了债券承销部分的内容，开启了以债券融资形式支持扶贫开发的先例。

2. 泸州易地扶贫搬迁债的主要特点

2016年9月，四川省泸州市农村开发建设投资公司面向银行间债券市场分四期非公开发行了20亿元10年期易地扶贫搬迁项目收益债券，债券的信用评级为AA+，首期共发行5亿元。该产品所募集的资金主要投向于叙永和古蔺县易地扶贫搬迁建设项目。但债券发行除了需要确定债券价格、规模、期限等基本要素，与公司债券不同之处在于，发行类似于社会公益性质的债券，金融扶贫中的金融产品设计首先要遵照市场规律，通过市场化机制融资，保障投资人的盈利性与风险的可控性，债券投资者关注的是债券的收益性，即未来的还款来源，而地方政府等发行者关注的是债券的公益性，即对扶贫的资金支持，如何兼顾公益性和收益性，是债券设计的重点和难点。

（1）巧用土地增减挂钩政策，锁定债券主营业务收入

易地扶贫搬迁项目债券发行的难点在于，投资者较为关注未来的还款来源，在国开证券与当地政府交流的过程中，了解到对易地扶贫搬迁中土地流转的相关政策。2015年11月，《中共中央国务院关于打赢脱贫攻坚战的决定》中提出，可以利用土地流转增减挂钩政策支持易地扶贫搬迁。即贫困户在搬迁安置过程中因集中居住腾出部分城乡建设用地指标，这部分指标可以与发达区市县进行建设用地指标增减挂钩交易。贫困县复垦建设用地，增加耕地面积，发达区市县可相应获得急需的建设用地指标，并支付给贫困县一定费用。

国开证券在谋划金融扶贫中捕捉到利用土地流转增减挂钩政策支持易地扶贫搬迁政策信息，符合项目收益债的要求，可以为债券提供稳定的还款来源。搬迁后集中居住节约占地面积的优势，从整体上减少了贫困地区宅基地的面积，把这些面积的宅基地复垦成为农用地，可以增加耕地面积，而在发达区市县，建设用地紧张，土地增减挂钩交易巧妙地将两者结合起来，发达区市县可以支付给贫困县一定费用，在贫困县增加耕地面积的同时，获得建设用地指标。随后国开证券利用这一政策优势，将叙永、古蔺两县的易地扶贫搬迁土地指标与迫切需要土地指标的成都市双流县相连接，两方实现增减挂钩土地指标流转，签订了《成都市双流县人民政府 泸州市古蔺县人民政府 泸州市叙永县人民政府 广元市苍溪县人民政府共同设置城乡建设用地增减挂钩项目区协议书》和《泸州市人民政府泸州市古蔺县人民政府、泸州市叙永县人民政府共同设置城乡建设用地增减挂钩项目区协议书》，交易土地指标所获得的

费用，作为债券的还款来源。

具体来说，按挂钩周转土地指标每年2000亩、每亩60万元测算城乡建设用地增减挂钩指标流转收益，采用"边搬迁、边整理、边挂钩、边流转"的方式进行，开工建设的第三年开始土地挂钩指标流转，建设用地增减挂钩指标流转五年预期获得收入共600000.00万元。

从2018年开始至2025年实施城乡建设用地增减挂钩城镇建新区指标流转相关要求的前提下，按照人民币8万元/每亩，预计12000亩计算，共产生收入96000.00万元。总共未来预期营业收入为696000.00万元。募集资金现金流与偿债资金现金流运转流程，如图1所示。

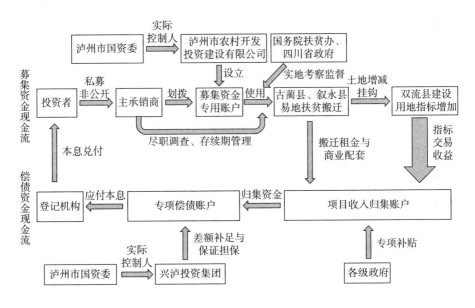

图1　募集资金现金流与偿债资金现金流运转流程

（2）充分利用补贴收入，丰富还款来源渠道

在增减挂钩土地指标流转之外，债券还将脱贫攻坚中其他相关补贴纳入债券项目收益。财政补贴分为中央、省级和县级政府三级。

中央和省级方面，国家和四川省针对易地扶贫搬迁的财政主要专项补助具体包括以工代赈易地扶贫搬迁补助、农村危房改造补助、地质灾害避险搬迁补助、农村公路建设资金补助、农村薄弱学校改造补助、农村医疗卫生室补助以及农村文化建设专项补助等。补助总金额是按照中央、各地方政府补助标准乘以相应数量计算得出，平均于 2018—2023 年逐年确认。

县级财政方面，针对项目有相关补贴，补贴收入是根据各年度运行净收入不足偿还债券本息的差额，由政府给予补助。预计 2018—2025 年每年 6000 万元，叙永县、古蔺县各 3000 万元。

（3）巧用差额补偿和担保措施，增加债券信用评级

为了进一步提升债券的信用等级，债券发行人还设置了差额补偿条款，约定当偿债资金不足以支付本息时，约定的差额补偿人，必须对不足部分进行弥补。

同时，还要求差额补偿人提供无条件的不可撤销的连带责任保证担保，若专项偿债账户内资金未到达当年还本付息金额，则差额补偿人，需要履行担保义务，进一步提升了债券的安全性。

差额补偿人和担保人均为兴泸集团，是泸州市国有独资公司，泸州市国有资产监督管理委员会持有公司 100% 股份。拥有泸州市境内路桥收费、水务、天然气等诸多公共事业资产，还拥有泸州老窖等知名企业的国有资产股份，截至 2016 年 3 月底，兴泸集团拥有 19 家一级子公司，17 家二级子公司。合并资产总额为 506.19 亿元，所有者权益合计为 252.81 亿元（其中少数股东权益 8.76 亿元）。2016 年 1—3 月，实现营业收入 3.55 亿元，利润总额 2.25 亿元。兴泸集团主体长期信用等级为 AA + 级。

从经营活动现金流入量来看，2013—2015 年兴泸集团经营活动现金流入量分别为 18.33 亿元、31.00 亿元和 27.73 亿元，分别是本期债券第一期 5 亿元的 3.67 倍、6.20 倍和 5.55 倍。从 EBITDA 来看，2013—2015 年兴泸集团 EBITDA 分别为 12.83 亿元、10.29 亿元和 16.12 亿元，分别是本期债券第一期的 2.57 倍、2.06 倍和 3.22 倍。总体来看，对本息偿还的覆盖能力较强。

三、泸州市易地扶贫搬迁项目收益债券的扶贫效果

泸州市易地扶贫搬迁项目收益债券的顺利发行，保证了两县扶贫中易地搬迁的顺利完成。通过易地搬迁从四个方面解决了贫困的问题。

改善居住条件。地处乌蒙山区，诸多地方发展较为滞后，居住地为土坯房，缺乏安全的保障，入户道路是泥泞小路，交通不便，社会信息闭塞。通过易地搬迁，在新居中，居住条件大为改善，乡村面貌焕然一新，实现了住房有保障。

提升公共服务质量。在集中安置新区配套建设标准化卫生室、综合服务社、农家书屋以及配套建设学校等公共服务设施；完善了农村道路，给水管道，排水管道，新建集中供水，塘库，耕作道，在居住区内规划建设集中居住区内道路、绿化、亮化等附属设施，提高了农户的生活水平。

促进现代产业发展。叙永县在易地扶贫搬迁中同时注重发展主导产业，让贫困户搬得出，稳得住。叙永县落卜镇、江门镇易地扶贫搬迁集中安置点选址结合红星村 3000 亩家庭农场和大元村"桃花坞"乡村旅游项目，搬迁后及时组织就业培训，积极促进当地特色建筑业、农业、手工业发展。叙永县还利用泸州老窖集团的销售优势，做好电商扶贫，打通贫困户和市场的连接通道，促进贫困户增收。古蔺县在组织易地扶贫搬迁的同时，提前谋划后续脱贫相关产业发展，在聚居点附近建成特色园区基地，包括甜橙、猕猴桃、核桃、肉牛、中药材、白酒及旅游等产业。

提升农民收入水平。在搬迁过程中，根据不同的标准，人均可以获得不同程度的补助，如永济县规定每户 1～3 人户将获补助资金 6 万元，4 人户将获补助资金 7 万元，5 人户将获补助资金 8 万元，6 人户将获补助资金 9 万元，6 人以上户将获补助资金 10 万元，同时，结合叙永实际情况，每户可建不超过 30 平方米的附属设施，补助 0.9 万元。在搬出之后，随着产业的发展，交通的便利，无论是从事农业生产，还是工商业经营，或者外出务工，都变得更加便捷，实现了农民变产业工人、农民

101

变城镇居民、农民变股民"三个转变",建档立卡贫困户。

案例十一　国开行发行开元信贷资产支持证券

1. 问题的提出

要想为国家脱贫攻坚战略源源不断地提供大量资金支持,需要有创新的融资模式。国开行仅凭发放债券募集资金,难以全面地引导社会资金进入脱贫攻坚领域,难以丰富资金的来源和结构,而不能盘活存量贷款,就难以发挥其最大的使用价值。如何在已有融资模式的基础上,拓宽融资渠道,创新融资模式是金融助力脱贫攻坚亟待解决的问题。本文以国家开发银行 2017 年发行的第三期开元信贷资产证券化(扶贫专项)产品为例,分析国家开发银行的解决方式。

2. 2017 年第三期开元信贷资产证券化信托资产支持证券分析①

为了盘活已发放信贷资产,提高现有资金的使用效率,更好地支持扶贫攻坚战略的实施,2017 年 9 月,国家开发银行股份有限公司作为发起人和委托人,中信信托有限责任公司作为发行人和受托人,以簿记建档发行的方式向全国银行间债券市场发行了 2017 年第三期开元信贷资产支持证券。

本项目是国开行独家发行的国内首单扶贫贷款证券化产品,基础资产选择了 15 户借款人的 18 笔扶贫贷款,发行总规模 44.69 亿元。基础资产分布于造纸和纸制品业、电力热力生产和供应业、有色金属冶炼和压延加工业等加工制造业,农业和道路运输业、商业服务业、公共设施管理业等第三产业,合计 11 个行业。借款人所在地区分布于鄂、豫、青、云、冀、湘等 10 个省份。

(1)严控基础资产信贷风险,提升整体资产水平

从扶贫贷款管理方面看,国家开发银行已经形成较为完备的体系。国开行于 2016 年 5 月成立扶贫金融事业部,各分行设立扶贫金融事业部

---

① 资料来源:国开行证券发行说明书。

分部，实现了扶贫业务的单独核算与经营。国开行对用于易地扶贫搬迁和列入精准扶贫口径的农村基础设施采取差异化信贷政策。

国开行建立了严格的贷前审核制度，发放贷款后，由当地政府出台制定资金管理办法，并且对项目进行严格把控。国开行通过这种严格的管理模式，降低了贷款的违约风险，保证了基础资产的收益的稳定性。

本项目的入池贷款人分布在 10 个省市自治区，未偿本金余额占比最高为 20.14%，9 个不同的行业，多为第一产业和第二产业，未偿本金余额占比最高为 15.66%，集中度较低，发生地区以及行业的整体风险较小。信用状况较好的贷款入池，不仅能提高其利用效率，还能够增强投资者的信心。

从信用评级的情况来看，本项目由中诚信和中债资信负责信用评级，本项目的 AAA 档比例为 86.15%，次级档比例为 9.47%，产品的分层结果较优。加权信用等级为 AA－sf，整体信用等级良好。

从剩余期限来看，本项目的单笔贷款最短剩余期限为 0.07 年，最长为 2.92 年，时间较短，受不确定因素影响较小，还款的可能性较高。加权平均贷款账龄为 0.89596 年，入池的均为正常贷款，客户的还款记录良好。本项目的加权抵质押率为 45.87%，属较低水平，产品的预期回收率较高。

（2）结构化设计，增加额外信用支持

为了提高信用等级，国开行还采用了结构化设计，按照本息偿还顺序、损失承担顺序的不同设置了优先 A 档、优先 B 档和次级档，可以获得额外的信用支持。

在收益计算方面，优先 A 档和优先 B 档的票面利率为浮动利率，按照簿记建档结果确定，次级档证券无票面利率。优先 A 档和优先 B 档采用过手摊还的方式偿还本金，每季度支付一次利息，票面利率为基准利率加基本利差。加速有偿事件发生前，如果优先档资产支持证券本息尚未全部清偿完毕，则次级档资产支持证券的期间收益上限及其计算方式为：次级档资产支持证券在前一个本息偿付日本金偿付后的未偿本金余额（就第一个本息兑付日而言，即次级档资产支持证券在信托生效日的面值）×2%×计息期间实际天数÷365天。按照现在的贷款利率和市场行情看，收益率在理财产品中属于中等水平。本产品对于投资者来说是一个理想的获得稳定收入的选择。

（3）设置信用触发机制，增加投资者保护

本项目还设置了两类信用触发机制：同参与机构履约能力相关的"加速清偿事件"，以及同资产支持证券兑付相关的"违约事件"，触发信用事件后将引致基础资产现金流支付机制的重新安排。

3. 资产证券化的实施效果

国家开发银行资产证券化产品的顺利发行，起到了两方面的作用。

一方面，国开行发行资产支持证券，可以盘活其信贷资产，保证脱贫攻坚的资金来源，确保精准扶贫中各项项目顺利实施。同时，国开行首创的扶贫贷款资产证券化为其他金融机构助力脱贫攻坚起到了示范作用。2018年3月20日，中金－贵诚惠农微贷资产支持专项计划取得上海证券交易所无异议函，储架额度40亿元。其基础资产为基于农村电商和风险管理系统，通过农村合伙人、农村供应链中龙头企业，精准识别扶贫对象的需求，并向其发放用于生产经营活动的贷款。项目完成发行后，将为上述农户提供便捷的金融服务，不仅有效解决了农村金融的高成本、低效率问题，也促进了乡村振兴、扶贫攻坚进入"精准滴灌""造血扶贫"的良性循环。

另一方面，有效地提升了贫困地区的基础设施水平。国开行主要负责易地扶贫搬迁、贫困村提升工程、产业扶贫、教育扶贫等扶贫任务，是精准扶贫中的重要资金来源，项目的实施，改善了当地村民的居住环境，保障了民生，为贫困地区人民走向富裕铺路搭桥。2018年，国家开发银行为江西上饶县建档立卡贫困村基础设施项目发放贷款5.5亿元，惠及建档立卡贫困人口3.7万人；国开行为定点扶贫县贵州务川的农村通村通组公路项目发放贷款9.8亿元，将崇山峻岭变通途，助力当地脱贫致富；在产业扶贫方面，国开行为湖南花垣现代农业科技示范园种植区配套工程及果蔬贮藏加工区建设项目承诺贷款 2500 万元，该项目通过支持土壤改良，实施水肥一体化灌溉系统建设园内道路修建以及果蔬贮藏加工区建设，形成了 3000 亩精品猕猴桃基地，带动全县建档立卡贫困户 2462 户 10142 人参与猕猴桃产业开发，增加了就业机会，"输血"变"造血"。

案例十二　安徽舒城县公路升级改造工程项目债券

1. 问题的提出

公路建设行业属于资本密集型行业，具有投资大、回收期长的特点。目前我国的公路建设资金中，超过八成都是依靠举借债务和社会资本的投资。为了减轻企业建设项目的资金负担，一方面需要国家保持财政资金对基础设施建设的大力扶持，出台优惠和引导政策，加大补贴力度，改革投融资体制；另一方面需要借助资本市场的力量。那么如何构建兼顾公益性和资本市场盈利性的金融扶贫模式来助力交通扶贫，是一个值得探索的问题。"16 舒城城投债"是国内首例县级平台公司以收费公路为募投项目发行的债券，本文拟通过该案例的分析，尝试回答上述问题。

2. 舒城县公路升级改造工程项目的资金需求分析

舒城县隶属于安徽省六安市，位于安徽省中部、大别山东麓、巢湖之滨，江淮之间，是大别山连片重点扶贫县。2018 年，舒城县下辖 15 个镇、6 个乡，另设有 1 个开发区，户籍总人口 99.6376 万人。从市县格局来看，舒城虽位于合肥、六安、安庆三市交汇处，地理位置优越，过去却存在交通不畅的短板。突出表现为公路技术等级普遍偏低，路网布局不尽合理，"外通内畅"骨架路网布局尚未成型。

通过测算，估计项目总投资额度为 21.6688 亿元，截至 2014 年末已投资 8.54 亿元。同时，公司拟建基础设施项目包括舒城县体育馆、舒城县客运总站、万佛湖环湖东路、舒城县三水厂等工程，计划总投资

30.20 亿元，所需投资规模较大。因此，公司需有效运用各类金融工具缓解其面临的筹资压力。

3. 舒城县公路升级改造工程项目债券的方案设计

2016 年 4 月，安徽省舒城县城镇建设投资有限责任公司公开发行了 15 亿元 7 年期公路升级改造工程项目债券，债券的信用评级为 AA＋级。所募集资金中 6 亿元用于舒城县省道 S317 舒五路省际改造工程项目，5 亿元用于省道 S317 舒五路（X005〈孔集～杭埠段〉）升级改造工程项目，4 亿元用于补充流动资金。

设计扶贫金融产品不仅要关注其公益性，同时要保障其收益性。对于债券投资者而言，除了债券价格、规模、期限等基本要素，未来的还款来源是其重要关注点。接下来，本文将就"16 舒城城投债"如何兼顾其公益性及收益性做详细说明。

（1）募投项目收益保障还款能力

项目经安徽省人民政府（皖政秘〔2015〕47 号）文件批复，同意项目建成后设站收费。根据《收费公路项目现金流分析测算指引》，结合新建项目所在地形及合安高速、省道 S206、省 S317 等相关老路等级具体情况，针对一级公路采用的车速流量，结合收费标准测算，项目运营期限按 20 年测算（最长不超过 30 年），预计现金流量为 428768 万元，平均每年 21438.4 万元。

测算在不考虑项目债务的情况下，收费期内的净收益按六折计算后为 257260.8 万元，收益期内净收益折算为现值后可全覆盖项目总投资额 216688 万元。项目的实施有利于加快沿线经济的发展，提高沿线人民的生活水平。

（2）政府专项补贴丰富还款渠道

根据安徽省人民政府（皖政办〔2012〕29 号），根据"十二五"国省干线公路建设项目中央车购税和省级资金补助标准，项目可获得政府专项补贴 520 万元/公里，其中中央政府补贴 420 万元/公里，省政府补贴 100 万元/公里。两个募投项目总长约为 63.32 公里，可获得政府专项补贴收入约为 32926.40 万元。

（3）担保措施提升债券信用等级

发行人在履行到期还本付息义务的同时，制订了严密的偿债计划和切实可行的偿债保障措施，进一步提升债券的信用等级。

本期债券由安徽省信用担保集团有限公司提供全额无条件不可撤销连带责任保证担保。担保人是经安徽省人民政府批准并出资设立的国有大型政策性融资担保机构，安徽省人民政府持有担保人 100% 股权。主营业务覆盖担保、投资、资产管理三大板块，是全国注册资本和净资产规模最大的担保机构，是国家首批"中央与地方财政担保风险补偿"试点单位。截至 2016 年，安徽省信用担保集团合并资产总额为 221.46 亿元，所有者权益合计为 195.51 亿元（其中少数股东权益 5000 万元），实现营业收入 5.55 亿元，利润总额 2.6 亿元。经评定，安徽省担保集团长期信用主体信用等级为 AA＋。

（4）发行人优质资产支撑本息偿付

发行人拥有大量的优质土地资产和房产。截至 2014 年 12 月 31 日，经评估，发行人拥有价值 1.81 亿元的房产和价值 43.45 亿元的土地资产。上述资产权属清晰，地理位置优越，可变现性强。在偿债出现困难时，发行人可通过资产变现或抵押贷款的形式筹措资金，为本期债券本息的偿付提供进一步保障。

4. "16 舒城城投债"的扶贫效果

"16 舒城城投债"的顺利发行，保证了舒城县省道 S317 改造升级的顺利完成，从而进一步完善公路网，从以下四个方面实现其扶贫效果。

改善出行条件。该项目解决了舒城县南部和中西部上下高速公路、铁路的进出口问题，有利于舒城县城市交通、公路交通与铁路交通快速转换，过境交通快速集散，使舒城交通组织更加合理，缓解交通压力，对充分发挥合安高速公路、京九铁路的规模效益起到了积极的促进作用，完善了区域公路网，为实现农村道路畅通工程作出重要贡献。

促进乡镇经济快速发展。一是加强了沿线乡镇之间以及和城市的联系，有利于促进城乡物资交流，加快农业产业结构调整步伐，促进农民从传统农业向市场经济转变。二是可以改善城镇投资环境、加快乡镇企业建设，同时有利于发挥城市对农村的经济辐射作用，沿线可以依托公路发展农产品集散地以及乡镇工业小区，不断加快小城镇建设步伐。

促进现代产业发展。舒城县主动将交通融入经济社会发展的方方面面，最大限度地激发"交通+"效益，探索"交通+物流""交通+电商""交通+扶贫"等运营模式，打造开放共享的农村物流配送网，激发乡村发展新活力。2016年，舒城县网销额41亿元，居安徽省县级第一位，是全省唯一的电商顺差县，并且连续两年被阿里研究院授予"全国电商消贫十佳县"。随着农村公路的畅通，景林禽业、双塘龙虾、明公生态等全县200多个各具特色的生产基地被连接起来。产业基地的壮大也成为舒城县电商业背后强有力的支撑。

提升居民收入水平。一方面，"遍地开花"的生产基地，为村民提供就业岗位，带动周边发展生态农业，有效提高了居民就业率，丰富居民收入来源渠道；另一方面，旅游资源因公路畅通将被充分开发利用。路通车通，乡村休闲游、生态观光游、农家乐、采摘园、农产品销售等新业态均可为村民进一步提供新的收入来源。2017年舒城县共接待游客500万人次，实现旅游综合收入26亿元，成功争创全省旅游强县。

案例十三　河南确山县蓝天燃气融资租赁项目的售后回租融资

1. 问题的提出

加快贫困地区能源资源开发利用和基础设施建设，是推动贫困地区经济发展和民生改善的重要途径。对于诸多能源建设项目，改造过程耗时费力，需要一个完整的资金链。该如何解决这个资金缺口是一个重要问题。根据实际需求，一方面中央加大补助性资金倾斜支持力度；另一方面资本市场可以利用金融工具帮扶，充分调动市场资源来参与扶贫过程。

2. 南驻支线建设资金与设施的周转需求分析

南阳位居盆地，山区较多。淅川县、桐柏县、南召县、社旗县属于国家级贫困县，很多地方交通不够便利，项目投资进不来。2012年，南阳市中心城区才开始天然气的转换工作。所以面对南驻支线建设这个庞大的工程，缺乏一定的资金支持。并且天然气的管网铺设，是耗费财力物力的，对天然气管网和资金的需求是双重。因此需要考虑新的融资方式，能够在短时间内获得资金和完整的设备，并且在未来的施工过程中还能有持续的资金供应，所以可以采用售后回租的方式辅助该建设项目的完成。

一是可以通过融资租赁的方式为蓝天燃气提供了一种成本较低、较为便捷的融资方式，兼顾了融资、融物双重功能的多重安排；二是可以满足蓝天燃气公司利用已有设施完成资金的周转，只需担负在可偿还能力以内的利息。融资租赁不仅是一种契约交易形式，也是资本市场的主要融资工具，能加速设施流通，推动技术改造和产业升级。

3. 南驻支线天然气管网建设售后回租方案设计

南驻支线的总工程需3.9亿元的投资，除去筹集的自有资金，政府政策的扶持和红利，以及获得的其他贷款，仍存在1亿元的资金缺口。广发证券结合售后回租方便灵活、操作效率高，更贴合对接贫困地区的企业与其他主体的融资需求的特点，在行业内创新融资租赁金融扶贫模式，开展了河南确山县蓝天燃气融资租赁项目。

广发租赁针对河南省确山县蓝天燃气股份有限公司天然气管网建设的项目，以蓝天燃气持有的南驻支线管道天然气管网作为租赁物，通过售后回租方式，为其提供了建设输送管道天然气管网的资金。蓝天燃气使用融资租赁的资金，置换南阳至驻马店天然气管网建设的项目贷款1亿元，保障沿线1200万人的用气安全。具体的信息如表1所示。

表1 南驻支线天然气管网建设的项目基本信息

名　称	内　容
项目名称	河南确山县蓝天燃气融资租赁项目
融资方式	售后回租
租赁物	南驻支线管道天然气的管网
承租人	河南蓝天燃气股份有限公司
租赁物	管道天然气输送管道
融资金额	2 亿元
融资期限	3.5 年
担保措施	①实际控制人提供无限连带责任保证 ②下游客户应收账款质押 ③租赁物办理工商抵押登记
资金使用	①1 亿元用于置换南阳之驻马店天然气管网建设的项目贷款 ②1 亿元用于建设禹州至许昌天然气管网

利用售后回租的方式进行融资表明了证券公司发挥资本市场作用开展金融扶贫，将贫困地区细碎、分散、沉睡的各种资源转为生产要素，发挥金融服务的专业优势，在风险可控的前提下，积极进行金融创新，来满足项目的需求。如利用售后回租进行金融扶贫，要对项目量身设计交易结构，并设立完善的基金监管措施，来实现自己跟着项目走，项目跟着规划走。在进行融资租赁时如何突破资金投放瓶颈，实现资金效益有效发挥，提升资金扶贫效果呢？本文将做详细说明。

（1）利用融资租赁，解决资金投放瓶颈

对于融资租赁的扶贫项目，政府根据扶贫进程加大了对融资租赁业的资金支持。从操作方式来看，对于以扶贫为主要业务的融资租赁公司或证券公司，中国人民银行可以通过抵押补充贷款方式向其提供基础货币投放，增加资金来源。同时，在风险可控的前提下鼓励融资租赁公司探索包括融资证券化在内的多元化融资方式，保证有充足的可支配资金。地方政府及监管机构可以根据扶贫进程需要，加大对融资租赁业的政策扶持，激励更多融资租赁公司进入贫困地区开展业务，提升金融支持扶贫的力度和层次。为此，可以实施促进融资租赁业发展的长期规划和配套措施。

南驻支线的天然气管网的铺设项目，天然气管网是必需的改造设备，以蓝天燃气公司持有的南驻支线管道天然气的管网作为租赁物，以下游客户应收账款质押，工商抵押登记担保，再通过售后回租方式，公司可以获得资金用于建设天然气输送管道。一方面有物资设备可租赁，另一方面有资金需求和偿还担保，满足了进行融资租赁的条件，并且融资租赁的方式也最适合该项目的紧急资金需求。

租赁物单位价值也是开展融资租赁业务所必须考虑的因素，如果融资租赁标的物单价过低，设备分散、合同金额也过小，则面临的风险较大，因此不适用于融资租赁操作。天然气产业设备单价多数为十万元以上，甚至百万元，价值较高，使用集中，因此非常适用于融资租赁。

就目前来看，融资租赁作为一种新型融资方式（见图2），在我国经济发展水平较低的贫困地区仍处于推广阶段，群众认知度不高。对于融资租赁的内涵和运行模式，一些企业的认识不够充分，重买轻租的观念仍较为普遍，在融资渠道上更多选择银行信贷方式。加之我国融资租赁业缺乏行业统一组织，对具体业务的宣传力度也亟待加强。广发证券将发挥金融扶贫专业优势，根据贫困地区不同产业、不同企业的差异化金

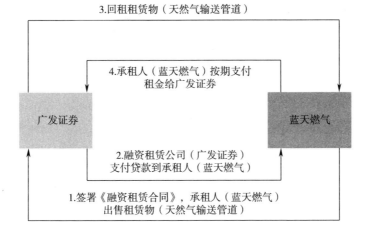

图2　融资租赁结构

融需求，促成贫困地区企业与资本市场的有效对接，为社会各界一道实现 2020 年全面消除绝对贫困的目标而努力。

（2）多重担保参与，为项目保驾护航

第一，广发证券针对河南省确山县蓝天燃气股份有限公司天然气管网建设的项目通过实际控制人提供无限连带责任保证，保证了整个项目的资金偿还有明确的负责人可追究。

第二，通过下游客户应收账款质押，使这些债权由于有一定的书面凭证作为记载而表征化和固定化，一定程度上已经具备了物化的性质。与普通的应收账款质押不同，应收账款质押在权利公示、权利金额及期限以及支付方式等要素方面是确定的。"南驻支线"建设项目借款期限从 2011 年 3 月起，借款期限为六年，借款利率为浮动利率，每月 20 日结息。截至 2016 年 12 月 31 日，上述合同下信用借款为 650.00 万元，质押及保证借款余额为 3627.00 万元。

第三，在融资租赁售后回租模式中，承租人作为租赁物的所有者，为了获取更多的融资，会出现"一物多融"的现象。通过租赁物办理工商抵押登记，可以有效防止出现承租人将租赁物转让、抵押和质押等经营风险。

（3）盘活闲置资源，为企业增添活力

蓝天燃气此次融资租赁的资金，其中 1 亿元用于建设禹州至许昌天然气管网，全长 30 公里，2017 年建成试运行。新增管道可供 600 万当地居民使用天然气，铺设村镇地区的天然气管道，提高了管道天然气普及率，保障用气安全。截至 2017 年 12 月 31 日，蓝天燃气拥有豫南支线、南驻支线、博薛支线三条高压天然气长输管道，全长 442.70 公里；拥有驻东支线、新长输气管道两条地方输配支线，全长约 292.60 公里。其分别向郑州市、新郑市、许昌市、漯河市、驻马店市、平顶山市、信阳市、新乡市等地供应天然气。

截至 2017 年禹州至许昌管网的建成，蓝天燃气分别实现营收 25.12 亿元、实现净利润 2.14 亿元，分别实现增长 26.86% 和 48.15%，蓝天燃气主营业务毛利率为18.01%，同行业可比上市公司平均毛利率为16.06%。作为河南首家拟登陆国内A股的燃气类企业，成为河南省的新三板挂牌企业营收王和盈利王。

4. 南驻支线天然气管网建设售后回租方案扶贫效果

广发证券采取售后回租的方式为蓝天燃气提供资金，帮助南驻支线天然气管网的建设，其扶贫效果可以从以下四个方面体现出来。

提高居民生活质量。天然气管网的铺设后，对于贫困地区的居民而言迎来了更加经济实惠的能源，并且燃气管道入户，即开即用。与人工煤气相比，天然气更加清洁干净，延长居民的灶具使用寿命。并且使用方式多样，取暖、做饭等平时生活用水可自主调温，有效地改善了贫困地区居民的生活质量。

推动企业发展。蓝天燃气通过融资租赁的方式进行南驻支线管网的铺设，使资源得到充分利用，从而带动企业管网建设的开展。河南蓝天燃气股份有限公司目前是河南省主干线管网覆盖范围最广、规模最大的新能源企业。主要经营管理西气东输一线豫南支线、西气东输二线南阳至驻马店支线、博爱至薛店支线，年输气能力达45亿立方米，为"气化河南"工程作出了突出贡献。

改善贫困地区融资环境。广发证券坚持创新金融扶贫方法，除常规的金融工具和金融手段外，还结合贫困地区的实际情况，创设性地研究和运用融资租赁等便捷灵活的金融工具，支持贫困地区和企业通过资本市场建设和发展。融资租赁的门槛较低，为贫困地区的融资带来了便利，并且以物为载体的融资，可根据实际要求进行相应的变动，融资方式更为灵活，为贫困地区的融资提供了新思路。

带动贫困地区相关产业发展。对于能源丰富的地方而言，能源的开发和利用对地方经济的发展都是综合性的、全局性的。天然气的开发必定会影响和带动南驻支线沿途餐饮等生活服务业的发展。为适应天然气能源的开发，劳动力素质的提高、技能的培训必然成为企业重视的项目与内容。对于贫困地区来说，还会有公路等基础设施建设的跟进投入；

更多的职工驻扎，技术和职工技能会进一步改进，基础教育也会随之得到发展。

案例十四　云南威信县煤电一体化项目债券

1. 问题的提出

我国西部地区拥有 680 万平方公里的广袤土地，3.5 亿勤劳善良的人民。但是，由于自然条件，这里的社会经济发展缓慢。因此，实施西部大开发战略，对于缩小地区差距，扩大内需，维护民族团结，实现社会主义现代化建设的宏伟目标，实现中华民族的伟大复兴，都具有十分重大而深远的意义。开发西部地区电力资源，实施"西电东送"工程，对西部地区发展都具有积极的促进作用，可以尽快把资源优势变为经济优势，带动西部贫困经济和社会的全面发展，有利于促进贫困地区的繁荣和稳定。资本市场通过利用债券工具，能够调动资本市场来参与西部地区的扶贫。

2. "S18 云电 1" 债券的发行人和情况介绍

"S18 云电 1" 债券募集资金用途拟用于国家级贫困县云南省昭通市威信县煤电一体化项目建设、运营以及偿还煤电一体化项目金融机构借款。

威信县位于云南省东北角，地处滇、川、黔三省接合部，素有"鸡鸣三省"之称。全县辖 7 镇 3 乡 87 个村（社区）1634 个村（居）民小组，总人口 43.2 万，其中，苗族、彝族等少数民族人口 4.6 万。国土面积 1400 平方公里。"十二五"期间，全县生产总值从 20.36 亿元增加到 29.88 亿元，年均增长 8%；规模以上固定资产投资累计完成 125 亿元，年均增长 9.3%；一般公共预算收入从 1.27 亿元增加到 1.78 亿元，年均增长 6.98%；社会消费品零售总额从 5.07 亿元增加到 10.64 亿元，年均增长 15.98%；城镇常住居民人均可支配收入从 11998 元增加到 20191元，年均增长 10.97%；农村常住居民人均可支配收入从 2818 元增加到7063 元，年均增长 20.2%。

"S18 云电 1"债券的发行人和基本情况如表 2、表 3 所示。

表 2   **"S18 云电 1"债券的发行人基本信息**

名 称	内 容
发行人名称	云南省电力投资有限公司
注册地址	云南省昆明市西山区日新中路 616 号云南能投集团集控综合楼 18 楼
注册资本	190347.67 万元
经营范围	参与云南省中小水电站项目的投资和开发;参与"三江"流域大中型水电项目的投资和开发;火电项目的投资和开发;电力相关项目的投资和开发;境外电力资源的投资和开发;电力企业托管;地方电网的建设和管理;电力工程管理及相关技术咨询、招投标服务;煤炭、矿产、冶金项目的投资;货物进出口和技术进出口业务

表 3   **"S18 云电 1"债券的基本情况**

债券全称	S18 云电 1
债券代码	150268
发行金额及余额	6.50 亿元
发行日期	2018 - 04 - 09
到期日	2023 - 04 - 09
增信措施	由云南省能源投资集团有限公司提供全额无条件不可撤销连带责任保证担保
承销商	华福证券有限责任公司
交易场所	上交所

3. 募集资金用途及使用情况

本次债券募集资金主要用于云南省"西电东送"能源发展战略重点项目——威信县煤电一体化项目的建设和运营。威信煤电一体化项目一期工程项目为勘探煤炭资源面积 154 平方公里、新建年产 240 万吨观音山煤矿、新建 2×600MW 超临界"W"火焰炉超临界燃煤发电机组、新建 1793 万立方米黄水河水库、500kV 输电线路、110kV 输变电站、改建 40km 二级公路为一体的综合项目。项目总投资为 73.52 亿元,已履行必要的审批程序,2×600MW 电厂已于 2012 年实现双机投产发电目标,设计生产能力 60 万吨/年的观音山煤矿二井已于 2017 年 2 月 14 日取得安全生产许可证并正常生产;设计生产能力 180 万吨/年的观音山煤矿一井计划于 2018 年 10 月取得安全生产许可证。

4. 发行人偿债资金来源

发行人营业总收入与经营活动现金流入一直保持在较高水平，"S18 云电 1"的偿债资金来源主要为公司营业总收入和经营性现金流入。未来，随着我国经济的持续健康增长，对电力的需求有望保持在较高规模，公司的盈利能力具有可持续性，为偿还本次债券的到期本息提供良好的保障。"S18 云电 1"的偿债应急保障方案包括流动资产变现、外部融资渠道、担保人为本次债券提供担保。

5. 本次债券发行体现的扶贫意义

威信煤电一体化项目相比于传统外购燃煤发电机组具有显著优势。2017 年 1—6 月，煤炭价格持续走高，受此影响，云南省火电企业面临亏损，发电意愿不强，一度导致火电供应量不足。发行人依托煤电一体化项目的优势持续发电 808 小时，在枯水期为全省供电保障作出了积极贡献。根据云南省工业和信息化厅下发的通知，"安排贫困老区威信县威信电厂 12 亿千瓦时的政策性电量，原则上安排在枯水、平水期发电"，仍执行 0.2350 元/千瓦时的扶贫电价。截至目前，鉴于威信煤电一体化项目的成本优势以及机组的稳定性和安全性，云南电网已将保障性收购电量追加至 17 亿千瓦时。

煤电一体化项目对威信县脱贫攻坚起着决定性作用。根据威信县统计公报，煤电一体化项目过去五年的累计增加值占全县 GDP 累计值的 11.44%，占全县工业增加值的 38.52%，所涉项目的累计投资额占全县固定资产投资的 23.21%。

威信县地处乌蒙山集中连片特困区，是国家级贫困县和红色革命老区。煤电一体化项目的建成和投产，在改善威信县的交通、电力、水利、城镇等方面发挥了较大的作用。此外，发行人在上缴税费、解决地方人员就业、推动地方基础设施建设、促进城镇化进程、建设民生工程等方面发挥了较大作用。

威信煤电一体化项目是 2005 年云南省人民政府和广东省人民政府在

泛珠三角"9＋2"经济合作会议上签订的最大战略合作项目，既是云南省"十一五"开工建设的重点能源项目，同时也是云南省"西电东送"能源发展战略重点项目和云南省唯一的煤电一体化项目。本次债券的成功发行，有利于推动贫困地区的经济建设与发展，进一步发挥资本市场服务国家脱贫攻坚战略的作用。

案例十五　贵州罗甸县信邦制药的"17 信邦 01"债券

1. "17 信邦 01"债券基本情况介绍（见表 4、表 5）

贵州信邦制药股份有限公司（以下简称"信邦制药"）所在的黔南州罗甸县，地处黔南山地西南部，是一个以布依族为主的多民族聚居的山区县，总人口 2939995 人（第五次人口普查数据），是国家扶贫开发工作重点县。作为罗甸县唯一一家上市公司和医药行业龙头，信邦制药积极反哺脱贫攻坚事业，推动地区经济发展和百姓脱贫致富。

表 4　　　　　　　　　　发行人及本次债券的基本情况

名　称	内　容
发行人名称	贵州信邦制药股份有限公司
注册地址	贵州省黔南布依族苗族自治州罗甸县龙坪镇解放路 96 号
注册资本	壹拾柒亿零肆佰捌拾玖万伍仟柒佰捌拾捌元整
上市日期	2010 年 4 月 16 日
股票上市地	深圳证券交易所
股票简称	信邦制药
股票代码	002390
经营范围	法律、法规、国务院规定禁止的不得经营；法律、法规、国务院决定规定应当许可（审批）的，经审批机关批准后凭许可（审批）文件经营；法律、法规、国务院决定规定无须许可（审批）的，市场主体自主选择经营。自产自销：硬胶囊剂（含头孢菌素类）、片剂、颗粒剂（含中药提取）、滴丸剂、软胶囊剂、原料药（人参皂苷－Rd）、中药提取；保健食品生产加工（片剂、胶囊剂、颗粒剂）；中药材种植及销售；企业集团内统借统还业务；医疗服务投资管理、咨询服务；养老康复健康产业投资管理、咨询服务；经营本企业自产产品及技术的出口业务；经营本企业所需的原辅材料、仪器仪表、机械设备、零配件及技术的进出口业务（国家限定经营和国家禁止进出口的商品及技术除外）；企业可以按国家规定，以各种贸易方式从事进出口业务

表5 "17信邦01"债券发行人基本信息

名 称	内 容
债券全称	贵州信邦制药股份有限公司2017年面向合格投资者公开发行公司债券（第一期）
债券代码	112625
发行金额及余额	3亿元
发行日期	2017年12月5日
到期日	2022年12月5日
增信措施	无
主体及债项评级	A＋/AA
承销商	华融证券股份有限公司
联席承销商	申港证券股份有限公司
交易场所	深交所

2. 募集资金用途及使用情况

公司于2017年12月5日发行了贵州信邦制药股份有限公司2017年面向合格投资者公开发行公司债券（第一期），发行规模为3亿元，募集全部用于补充流动资金。截至2017年3月28日，发行人上述债券募集资金扣除发行费用后已用于补充流动资金的金额为29157.00万元，募集资金剩余6062866.67元（含利息收入），发行人募集资金的使用合法合规。

3. 发行人偿债资金来源

发行人稳定的经营状况。发行人经营状况良好，偿债资金来源于发行人日常经营所产生的充足现金流。公司2014年至2016年及2017年第三季度未合并营业收入分别为247618.31万元、417975.61万元、515703.18万元及437635.57万元，净利润分别为15385.71万元、16840.91万元、24270.38万元及24389.74万元。发行人主营业务收入稳健，为本期债券偿付提供了有力的保障。

发行人充足的流动资产为本期债券还本付息提供保障。2014—2016年末及2017年第三季度末，发行人流动资产分别为332444.02万元、382740.61万元、564147.96万元及610122.63万元，分别占发行人当期总资产63.65%、58.84%、52.25%及52.35%，占比较高。其中发行人的货币资金分别为 65903.95 万元、60312.38 万元、167433.91 万元及 180378.70 万元，发行人充足的货币资金为本期债券的偿付提供了有力保障。

畅通的外部融资渠道。发行人与农业银行、招商银行、工商银行、贵阳银行、交通银行、兴业银行、中国银行等形成了良好的业务合作关系，获得了一定额度的流动性支持，保持着正常稳健的银行贷款融资能力。截至 2017 年 9 月 30 日，发行人获得各银行授信总额度共计 429700.00 万元，尚未使用的银行授信额度余额为 94464.00 万元。因此，发行人与各大商业银行形成良好的合作关系对本期债券的顺利偿付具有一定的保障作用。如果由于意外情况致使公司不能及时从预期的还款来源获得足够资金，发行人可以凭借自身良好的资信状况筹措本期债券还本付息所需资金，但上述安排不具有强制执行性，如银行收紧贷款则发行人将面临流动性紧张问题，公司存在无法从银行获得有效的流动性支持的风险。

4. 本次债券发行体现的扶贫意义

作为植根贵州的医药上市企业、全省医药行业领跑者，信邦制药积极响应各级政府部门扶贫济困号召，以健康扶贫、产业扶贫、对口帮扶等方式切实保证精准扶贫成效。一期募集资金的使用，有效补充了公司的流动资金，也为进一步扩大精准扶贫效益提供了强有力的资金保障。

健康扶贫。实施健康扶贫工程，补上贫困地区医疗服务"短板"，对打赢脱贫攻坚战意义重大。自发债以来，信邦集团共开展各种规模义诊及健康讲座共 23 次，包括贵州医科大学附属白云医院定点定期免费开展"脑卒中筛查"，共建立《脑卒中居民档案》80 余份；贵州医科大学附属乌当医院开展"为环卫工人送爱心大型义诊"，受益 200 余人次；道真县中医院深入 7 乡镇卫生院进行巡诊义诊，接诊群众 1766 人次，认定精准扶贫慢病患者 1146 人次；贵州省肿瘤医院投入资金 48.72 万元，为 1336 名晚期癌症患者提供营养服务；仁怀新朝阳医院开展"关爱老人"义诊活动，接诊群众 2100 余人次，并为 1169 名患者减免医疗费用共计 109.63 万元；贵医安顺医院在蔡官镇、东屯乡等开展精准扶贫义诊，受益140余人次。此外，贵州省肿瘤医院派驻医务人员定点帮扶印江县人民医院，信邦集团向紫云县捐赠15万元医疗设备，切实提升基层医院的服务能力和水平。

产业扶贫。多年来，信邦集团积极延伸产业链，在贵州开展中药材规范化种植，累计带动10万多农户种植中药材20万亩，有效促进贫困民族地区农业产业结构的调整。并通过用工合同、收购合同等契约关系，对农户种植的中药材实行保价收购，实现企业发展有保障，群众增收奔小康。2017年12月至今，贵州信邦中药材发展有限公司继续在铜仁市碧江区和平乡、桐木坪乡以及坝黄镇开展黄精推广种植，帮助93户建档立卡贫困户增收脱贫。

近期，信邦集团正与罗甸县政府就定点扶贫、中药材产业扶贫项目进行磋商，拟投入500万元在罗甸县定点帮扶村开展中药材种植项目，重点帮扶区域内有种养意愿的贫困户，通过提供技术指导、以市场保护价统一收购农户种植的中药材，帮助贫困户脱贫增收。

对口帮扶。在健康扶贫、产业扶贫之外，信邦集团还积极针对贫困村、贫困户进行一对一的对口帮扶工作，帮助解决其当前实际困难。2018年2月，同德药业向"千企帮千村"帮扶点——碧江区和平乡德胜屯村75家贫困户送上价值9000元的慰问品，3月，向松桃县世昌乡火连村捐款3万元，助力该村改变贫穷面貌，实现脱贫。此外，信邦集团长期定点帮扶木引镇打金村、沫阳镇麻怀村，帮助其改善基础设施建设，为逐步脱贫打下良好基础。

脱贫攻坚，任重道远。信邦集团将继续发挥募集资金作用，以创新精神助力脱贫攻坚，以责任精神确保精准实效，为建设健康贵州，打赢脱贫攻坚战作出积极贡献。

案例十六　湖北五峰县的"S17长乐"债券

1. 发行人及债券基本情况（见表6）

"S17长乐"债券的发行人为宜昌长乐投资集团有限公司，注册地址

为湖北省五峰县渔洋关镇南北二路（1幢），注册资本为人民币5亿元，

表6　　　　　　　　"S17长乐"债券的基本情况

名　称	内　容
债券全称	S17长乐
债券代码	145895.SH
发行金额及余额	3亿元
发行日期	2017-10-26
到期日	2024-10-26
增信措施	不可撤销连带责任担保
承销商	东方花旗证券有限公司
交易场所	上交所

经营范围包括国有资产经营与管理、城市与工业园区基础设施建设项目投资（不得从事吸收公众存款或变相吸收公众存款、发放贷款等金融业务、不得向社会公众销售理财类产品）、招商、运营、管理及咨询、城市广告、标牌位出租、停车场地服务、保障性住房建设、商品房开发、物业管理服务（涉及许可经营项目，应取得相关部门许可后方可经营）等。

2. 发行人所在的贫困县市介绍

五峰土家族自治县隶属湖北省宜昌市，位于湖北省西南部，邻近长江干流和湖南省。该县以喀斯特地貌为主，平均海拔1100米，是一个少数民族山区县。五峰集老少边穷于一体，是湖北省人口最少、财政最穷的贫困县。截至2016年，五峰县登记在册的贫困农户有2.05万户6.5万人，占全县人口的31.06%。五峰县贫困人口分布面较广，目前仍有24个村是湖北省确定的重点贫困村。截至2016年末，五峰县全县仍有5个行政村不通公路，10个行政村不通邮，4个行政村不通电话，85个自然村不通广播电视，22个行政村没有解决饮水困难，近3万人没有用上安全卫生饮用水。

发行人经五峰土家族自治县人民政府《第十五次常务会会议纪要》（〔2013〕4号）批准设立，目前注册资本增加至5亿元。集团建立了董

事会、监事会、经理层等法人治理结构。截至 2017 年 6 月末，发行人共有宜昌长乐城市建设投资开发有限责任公司等 4 家一级子公司、五峰长瑞物业服务有限责任公司等 4 家二级子公司，以及 1 家三级子公司宜昌长珠物业服务有限公司，并参股湖北柴埠溪旅游股份有限公司。发行人是五峰县重要的国有资产运营和建设主体。报告期内的主营业务收入主要来源于工程代建收入及保障房销售收入。

3. 募集资金用途及偿债资金来源

本次债券共拟募集资金 5 亿元，目前第一期已成功发行，共募集资金 3 亿元，其中已有 0.24 亿元用于易地扶贫搬迁安置点的征地拆迁，剩余 2.76 亿元。

本次债券的偿债资金将主要来源于五峰土家族自治县精准扶贫项目所产生的收益，以及发行人日常经营所产生的营业收入、净利润和经营活动现金流，必要时发行人将变现部分流动资产用于偿还债务。此外，截至 2017 年 6 月末，发行人获得银行授信额度共 22.25 亿元，能够在必要时及时获得流动资金贷款偿还债务。发行人将根据本次债券本息未来到期支付安排制订年度、月度资金运用计划，合理调度分配资金，保证按期支付到期利息和本金。

4. 本次债券发行体现的扶贫意义

（1）经济效益

项目收益主要来源于扶贫安置房及配套设施的政府购买服务收入，扶贫产业点、标准厂房及配套设施的出租收入，以及扶贫旅游景点的旅游收入，预计在该次债券存续期内和项目运营期内可分别实现收益 9.59 亿元和 18.05 亿元。发行人已与五峰县人民政府签署《政府购买服务协议》，7.66 亿元购买服务资金已经五峰县人大决议通过并纳入财政预算。

通过发行本次债券，发行人获得了长期稳定的资金，节约了财务费用，同时拓宽了融资渠道。

（2）社会效益

项目采用易地搬迁和产业扶贫相结合的模式，通过发展产业基地、工业园区和乡村旅游帮助贫困户实现脱贫，不仅是对国家精准扶贫战略的积极响应，更是对武陵山区精准扶贫事业的重要推动。项目将直接惠及五峰县4125户、12132位建档立卡贫困人口。

项目以建档立卡贫困人口为扶持对象，通过易地扶贫搬迁工程中基础设施和公共服务设施的建设，将大幅改善贫困地区生产生活条件，并有力推动五峰县产业集聚和城镇化进程；项目立足于安置区域资源禀赋条件，依据不同搬迁安置模式，通过支持发展特色农牧业、劳务经济、工业和旅游服务业等产业，确保搬迁贫困户实现稳定脱贫，具有极大的社会效益。

案例十七　广西德保县的"16 桂德保"债券

1. 发行人及本次债券基本情况（见表7）

本次债券的发行人是广西德保铜矿有限责任公司，注册地址为广西壮族自治区百色市德保县燕峒乡利屯村，注册资本为5000万元人民币，经营范围包括铜、铁、锡、钾、铝、锰等及副产品矿物采选及销售，机电加工、汽车运输与修理、机电修理、房屋出租、中草药加工及其销售。

表7　　　　　　　　　　　"16 桂德保"基本情况

名　　称	内　　容
债券全称	广西德保铜矿有限责任公司2016年非公开发行公司债券
债券代码	118745
发行金额	发行1.5亿元
发行日期	2016－07－08
到期日	2019－07－08
增信措施	不可撤销连带责任担保，担保人承担保证责任的期间为本期债券存续期及债券到期之日起二年
承销商	长城证券股份有限公司
交易场所	深交所

2. 发行人所在的贫困县市介绍

德保县隶属广西壮族自治区百色市，位于广西西南部，全县总面积2575平方公里，距百色市人民政府驻地129公里，距首府南宁市275公里。东部与田东县相连，西南部和靖西市接壤，北部与田阳县、百色市相毗邻，西南面靠近越南社会主义共和国。根据2014年全县人口年报结果，德保县总人口34.13万人，以壮族为主，此外还有汉族、瑶族等。

根据德保县人民政府2018年政府工作报告，全县地区生产总值预计完成99亿元，增长9%；财政收入完成10.68亿元，增长6.22%；规模以上工业总产值完成141.8亿元，增长30%；规模以上工业增加值完成55.9亿元，增长10%；固定资产投资预计完成106.8亿元，增长10%；社会消费品零售总额预计完成13.33亿元，增长11.4%；城镇居民人均可支配收入预计完成30842元，增长8%；农村居民人均可支配收入预计完成9736元，增长13%。

广西德保铜矿有限责任公司属国有中型企业，拥有广西最大的铜矿生产基地。公司自成立以来一直专注于铜精矿的生产，经过多年的发展，公司已成为广西铜精矿生产龙头企业，是百色市国资委监管的市属国有重点骨干企业，也是广西最大的铜精矿生产企业之一。公司拥有一支高素质的采矿、地质、测量、选矿、化工、机电、政工、经济、企业管理等专业技术人才队伍，技术力量雄厚，公司的矿井安全标准化建设在2011年标准化验收和2012年标准化升级验收评比中均获最高分，成为广西非煤矿山"科技兴安"的典范；是广西非煤矿山第一家建成投入使用安全避险"六大系统"的企业，是全区安全生产标准化标杆企业。

3. 募集资金用途和偿债资金来源

本次债券发行总规模不超过1.50亿元，公司拟将本次债券募集资金扣除发行费用后全部用于补充公司营运资金，主要用于公司主营业务日常经营资金周转。根据实际使用情况来看，募集资金主要用于上缴各项税费、职工工资和奖金及社保公积金、归还银行借款及利息、生产用材料及设备购买、生产用水电费、各项地面及井下工程款、日常零星开支。

发行人偿债资金来源主要包括：一是销售收入。公司 2017 年销售收入约为 2 亿元，与 2016 年销售收入增加约 8000 万元。公司目前计划扩大生产规模，在百色市人民政府的支持下合并相关公司企业，增大销售规模。二是采矿权质押贷款。我公司持有矿产采矿权。经评估，采矿权评估价为 1.2 亿元，在质押采矿权抵押贷款 6000 万元左右，同时运用担保公司授信 2 亿元担保授信，可获得流贷 6000 万元左右。三是增资扩股。为支持企业发展，我公司股东计划对我企业进行增资扩股，预计增资规模 2 亿元，目前该事项正在商讨阶段。

4. 本次债券发行体现的扶贫意义

本次债券发行主要用于公司主营业务日常经营资金周转，在一定程度上能扩大发行人的经营规模，提高经营效益，为生产和再生产的顺利进行提供保证。发行人作为广西铜精矿生产龙头企业，也是百色市国资委监管的市属国有重点骨干企业，发行人经营规模的扩大能有效地带动百色市德保县的经济发展，创造更多的就业机会，提升就业率和居民收入。此外，发行人作为龙头企业缴纳的税款也能增加政府收入，进而促进当地的经济发展和基础设施建设。总的来看，本次债券发行具有显著的扶贫意义，而帮助贫困地区和贫困户致富，加快贫困地区的经济发展，对加强社会安定团结，加速社会主义建设，正确处理民族关系，发扬革命传统，巩固国防都有重要的作用。

案例十八　四川－阆中市天然气资产支持专项计划

1. 原始权益人及本次资产支持证券基本情况

本次资产支持证券的原始权益人是四川阆中天然气总公司，注册地址为中国－四川－南充－阆中市－阆中市新村路 27 号，注册资本为 1.09 亿元人民币，经营范围包括天然气供应，天然气工程安装、维修，压力管道 GB1 级设计，压力管道 GB1 级、GC2 级安装，石油化工工程施工总承包，市政公用工程施工总承包，机电工程施工总承包，民用气表检校、维修，车用压缩天然气、汽油、柴油零售、城市公交客运、城市出租客运、汽车修理（以上经营范围涉及行政审批和许可的，凭审批文件和许可证从事经营活动）。非机动车货运、非机动车电瓶车客运、预包装食品零售（分支机构经营）。燃气器具及配件销售、维修。五金、交电、日用杂品（除烟花爆竹）、建筑材料（除木材）零售，旅游产品开发，旅游项目建设。百货零售。设计、制作、代理、发布国内广告业务，天然气技术咨询服务（依法须经批准的项目，经相关部门批准后方可开展经营活动）。本次计划的管理人是国金证券股份有限公司。

本专项计划的基础资产为阆中ABS项目成立后五年内的燃气费收入，并以此为基础资产发行资产支持证券。

"国金–阆中天然气资产支持专项计划"基本情况，如表8所示。

表8　　　　　　"国金–阆中天然气资产支持专项计划"基本情况

产品全称	产品类型	产品代码	发行时间	预期到期日	产品规模（万元）	剩余规模（万元）	评级
国金–阆中天然气资产支持专项计划	优先01	146478	2017–9–5	2018–10–30	10000.00	10000.00	AAA
	优先02	146479	2017–9–5	2019–10–30	10000.00	10000.00	AAA
	优先03	146480	2017–9–5	2020–10–30	10000.00	10000.00	AAA
	优先04	146481	2017–9–5	2021–10–30	10000.00	10000.00	AAA
	优先05	146482	2017–9–5	2022–10–30	10000.00	10000.00	AAA
	次级规模	146483	2017–9–5	2022–10–30	2500.00	2500.00	—
增信措施	专项计划由阆中天然气及其股东四川阆中名城经营投资有限公司担任差额支付承诺人，由四川发展融资担保股份有限公司为优先级资产支持证券的本息兑付提供担保，由四川阆中名城经营投资有限公司提供流动性支持。优先级证券评级达到AAA级						

本次专项计划主要增信如图3所示。一是超额覆盖。在正常情况下，各期基础资产的预期现金流对专项计划优先级资产支持证券预期支付额的覆盖倍数均可保持在1.42倍及以上。二是差额支付。原始权益人阆中天然气、阆中名投出具了《差额支付承诺函》，向计划管理人（代表资产支持证券持有人）承诺对专项计划资金不足以支付专项计划费用、优先级资产支持证券的各期预期收益和全部未偿本金余额的差额部分承担补足义务。三是流动性支持。阆中名投出具《流动性支持承诺函》，承

诺在专项计划存续期间，为阆中天然气的日常经营提供流动性支持。四是担保。根据《担保协议》，四川发展担保作为担保人为阆中天然气和阆中名投于《差额支付承诺函》项下所承担的差额支付义务提供不可撤销的连带责任保证担保。

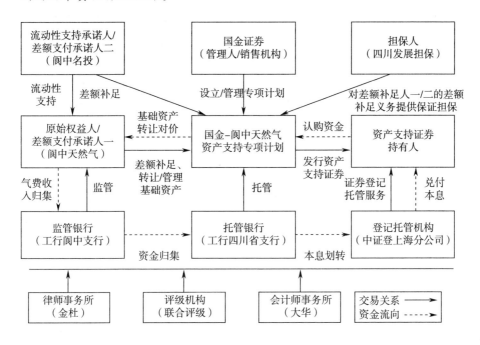

图3　专项计划交易结构

2. 原始权益人所在的贫困县市介绍

原始权益人阆中天然气地处四川省阆中市，为四川省36个国家扶贫开发工作重点县之一。全市面积1878平方公里，辖21个乡、25个镇、4个街道办事处，总人口为859192人。2016年，阆中实现地方生产总值1938875万元，地方一般公共预算收入94500万元。

阆中建县已有2300多年的历史。1984年6月，阆中被列为四川省历史文化古城。1986年12月，国务院批准阆中为国家历史文化名城。阆中市承担着国家历史文化名城保护和脱贫攻坚两项艰巨任务，可谓"双困"，如果国家历史文化名城得到保护利用，就会摆脱"双困"，大步前进。

3. 募集资金用途

本次专项计划募集资金除补充流动资金维持公司日常运营外，将主要用于建设七里工业园区专用天然气高压站、阆中至苍溪管线项目、江南至思依管线项目，以及古城老旧小区线路改造工程等。募投项目将从完善城乡供气网络、提高用气安全这两个方面服务当地居民，改善生活质量。

4. 本次资产支持证券发行体现的扶贫意义

首先，阆中 ABS 项目的成功发行有助于原始权益人拓宽融资渠道，并降低融资成本。原始权益人阆中天然气无外部评级，但通过资产证券化的内部分层与外部增信，阆中 ABS 项目的优先级证券评级达到 AAA 级，有效降低了原始权益人的融资成本，该产品的发行规模为 5.25 亿元，加权票面利率为 6.01%。此次资产证券化产品的成功发行，也为阆中天然气将来在资本市场融资铺平了道路，帮助原始权益人拓宽了融资渠道。

其次，阆中 ABS 项目协助原始权益人履行了社会职责，改善了当地居民生活。项目募集资金除补充流动资金维持公司日常运营外，将主要用于建设当地城乡供气网络，从完善城乡供气网络、提高用气安全这两个方面服务当地居民，改善居民生活质量。

此外，阆中天然气负责建设阆中火车站公交换乘枢纽工程，项目总投资达 2 亿元，该工程建成后将极大改善阆中的城市承载能力，既有利于阆中通过发展旅游带动本地经济发展，同时也为阆中天然气营造了更好的外部运营环境。

第五章 农产品"保险＋期货"助力脱贫攻坚

农产品"保险＋期货"作为对农民进行价格风险管理的模式创新，从2016年开始连续5年被写入中央一号文件。该模式弥补了传统期货公司和保险公司各自为战的不足，利用保险业务协同优势，整合了保险公司产品研发经验和期货公司对冲价格波动风险的专业能力，将保险公司与期货公司的优势结合起来，为服务农村经济、保障农民收入、助力脱贫攻坚开辟了新的途径。

一、农产品"保险＋期货"的政策脉络

2014年，为保障农民收入水平稳定，理顺市场购销环节，减轻国家负担，国务院印发了《关于加快发展现代保险服务业的若干意见》（国发〔2014〕29号），鼓励农业保险经营机构"开展农产品目标价格保险试点，探索天气指数保险等新兴产品和服务，丰富农业保险风险管理工具"。在国家政策的指导下，保险公司创新产品的积极性高涨。

2015年，农业保险经营机构和期货经营机构开始共同探索建立符合农业经营特征的套期保值、价格保险等市场风险管理工具，来管控农产品市场波动风险。部分农业保险经营机构开始利用期货的发现价格功能来推进农产品价格保险或收入保险业务。例如，安华农业保险公司吉林省分公司在吉林省敦化市开展的大豆收入保险实践，其中大豆价格就是采用的期货价格。

2016 年中央一号文件指出，探索建立农业补贴、涉农信贷、农产品期货和农业保险联动机制，稳步扩大"保险＋期货"试点。2016 年，《国民经济和社会发展第十三个五年（2016—2020 年）规划纲要》指出，要完善农业保险制度，稳步扩大"保险＋期货"试点，扩大保险覆盖面，提高保障水平。在这些政策文件的指导下，农业"保险＋期货"的试点工作逐渐展开。证监会、原农业部、原保监会等部门对这项试点工作给予了高度重视，积极贯彻文件精神，大连商品交易所、郑州商品交易所、上海期货交易所也列支专项资金给予支持，参与这项试点工作的保险公司、期货经纪公司越来越多。2016 年，原农业部在金融支农服务创新试点资金中专门安排 2190 万元，用于支持在辽宁、吉林、黑龙江、广西分别开展玉米、大豆、糖料蔗的"保险＋期货"试点。

2017 年中央一号文件强调，深入推进农产品期货、期权市场建设，积极引导涉农企业利用期货、期权管理市场风险，稳步扩大"保险＋期货"试点。农业保险公司和期货公司在部分贫困地区开展"保险＋期货"试点，为贫困地区脱贫攻坚作出了重要贡献。例如，广西部分贫困县引进"保险＋期货"模式以后，为蔗农和制糖企业都提供了稳定的种植和加工预期，实现了贫困户的稳定增收。

2018 年中央一号文件要求深入推进农产品期货期权市场建设，稳步扩大"保险＋期货"试点，探索"订单农业＋保险＋期货（权）"试点。部分试点与推进乡村振兴战略有机结合，得到了地方政府的支持和认可。

2019 年的中央一号文件强调，按照"扩面、增品、提标"的要求，完善农业保险政策。扩大农业大灾保险试点和"保险＋期货"试点。文件下发后，人民银行、银保监会、证监会、财政部、农业农村部联合下发《关于金融服务乡村振兴的指导意见》，强调稳步扩大"保险＋期货"试点，探索"订单农业＋保险＋期货（权）"试点，探索建立农业补贴、涉农信贷、农产品期货（权）和农业保险联动机制，形成金融支农综合体系。随后，银保监会办公厅发布了《关于做好 2019 年银行业保险业服务乡村振兴和助力脱贫攻坚工作的通知》（银保监办发〔2019〕38 号），要求扩大保险产品试点范围。深入开展三大粮食作物完全成本保险和收入保险试点，扩大农业大灾保险试点和"保险＋期货"试点，稳步开展生猪和蔬菜价格保险试点。

2020年中央一号文件提出，要优化"保险＋期货"试点模式，继续推进农产品期货期权品种上市。迄今为止，我国开展农产品"保险＋期货"试点已有白糖、玉米、大豆、棉花、鸡蛋、小麦、红枣、苹果、天然橡胶等多个品种。

二、农产品"保险＋期货"金融扶贫概况

（一）农产品"保险＋期货"总体情况

农产品"保险＋期货"是我国金融支农领域的重要创新，其实质是"价格保险＋场外期权＋场内期货"。2014年，大连商品交易所推出了"场外期权"服务"三农"项目，项目参与主体有期货经纪公司、农业企业和种粮大户，2015年引入保险公司，探索出"保险＋期货"模式，实现了项目模式的升级，并在鸡蛋、玉米等农产品品种上开展试点。2016年，郑州商品交易所开始进行"保险＋期货"试点，试点品种为棉花、白糖。2017年，上海期货交易所正式启动天然橡胶"保险＋期货"试点工作，目的直指精准扶贫。如表5-1所示。

表5-1　　　　我国农产品"保险＋期货"试点发展现状

年份	大连商品交易所	郑州商品交易所	上海期货交易所
2015	玉米、鸡蛋	—	—
2016	玉米、鸡蛋、大豆	棉花、白糖	—
2017	玉米、鸡蛋、大豆	棉花、白糖、苹果	天然橡胶
2018	玉米、鸡蛋、大豆	棉花、白糖、苹果	天然橡胶
2019	玉米、鸡蛋、大豆	棉花、白糖、苹果、红枣	天然橡胶
2020	玉米、鸡蛋、大豆	棉花、白糖、苹果、红枣	天然橡胶

农产品"保险＋期货"试点开展区域大多是国家级贫困县，选择的品种大多是当地种植面积较大、涉及农户较多、与百姓利益关系紧密以及关乎国家粮食安全的农产品，试点覆盖农业种植面积数百万亩，赔付

率超过了70%。截至2020年3月31日，在资金投入上，期货行业累计投入扶贫资金3.82亿元。在结对帮扶上，102家期货经营机构与165个国家级贫困县（乡、村）签署了285份结对帮扶协议。在专业扶贫上，期货经营机构通过"保险＋期货"模式为贫困地区农产品提供价格保障，品种涉及天然橡胶、玉米、大豆、鸡蛋、苹果、棉花、白糖等，承保产品价值约117.41亿元。期货经营机构还通过业务拓展等方式，盘活贫困地区企业硬件资源，将18家企业纳入期货交易所的交割仓库；为贫困地区实体机构或个人提供风险管理服务方案，例如点价、合作套保、场外期权等，共计85个，涉及名义本金约5.62亿元；为贫困地区举办期货专业知识培训，累计培训达612场次，培训人员38169人次。此外，期货经营机构还在贫困地区开展就业服务，录用贫困地区毕业生（实习生）共计475人，其中残疾人23人。期货公司通过设立分支机构等形式派遣人员到贫困地区开展扶贫工作，共计设立分支机构6个、派遣驻村人员39名，帮助贫困地区设立电商、网店、网站等销售平台共计50多个。

总的来看，农产品"保险＋期货"试点，保障了农民和相关投保主体的收益，减轻了各级财政对相关农产品的补贴负担，特别是为贫困地区开展产业扶贫、助力脱贫攻坚提供了较好的市场风险保障。例如，在广西、陕西、甘肃、云南等地区的贫困县，"保险＋期货"试点都是选择当地种植面积较大、种植农户较多、关系农民切身利益的农产品，试点平抑了丰收后普遍出现的"物贱伤农"的价格风险，为农民稳定了心理预期，调动了农民的种植积极性，对助力贫困地区脱贫攻坚起到了重要作用。

从机构的反映看，保险公司开展"保险＋期货"业务的积极性较高，期货经纪公司表示成本对冲风险也在自身能力范围和预期之内，项目可持续发展的基本条件具备。此外，农业农村部的全国农村改革试验地区和其他试点试验地区对项目进行了深入总结，针对存在的问题也提出了改进的政策要求。实践表明，"保险＋期货"模式操作基本可行。

（二）农产品"保险＋期货"金融扶贫的重要意义

农产品"保险＋期货"试点拓宽了期货行业服务农村实体经济的渠

道，提升了农业保险业务创新能力，是一次期货和保险的跨界合作。从金融扶贫的角度看，该模式的推出是落实国家"精准扶贫""金融扶贫"政策的重要创新，为金融助力脱贫攻坚提供了重要手段。

1. "保险＋期货"能够实现扶贫的精准性

习近平总书记曾指出"扶贫工作贵在精准，重在精准，成败之举在于精准"。农产品"保险＋期货"模式中，保险公司通过农民专业合作社、村集体等组织与农民签订保险合同，期货公司为农民支付保费（期货公司的保费来自郑州商品交易所），保险公司购买期货公司的场外期权，期货公司通过市场化操作对冲风险。整个机制按照市场化手段进行设计，保险理赔的识别精准性较高。

2. "保险＋期货"能够有效促进农民增收

农产品价格波动性较大，这种不确定性极大影响了农民种植的积极性。"保险＋期货"模式对农户一端的价格进行保障，最直接保证了农民的收益，促进了农民增收；"保险＋期货"稳定了农民对未来收入的心理预期，可以放心地进行种养业生产，对于农民生产积极性的提高和农业生产的稳定，起到了重要作用。

3. "保险＋期货"能够提升金融服务"三农"的能力

农产品"保险＋期货"试点，实质上是一种风险管理模式的有效运用，不仅能够从增加信用的角度促进农产品生产销售，而且能够促进整个农业金融链的良性互动。农产品"保险＋期货"试点的项目标的可以作为农村小额贷款的抵押物，不仅能够提高银行信贷的风控水平，而且有助于参与各方实现共赢。从当前全国实践情况看，农产品"保险＋期货"试点已经出现了"保险＋期货＋银行""保险＋期货＋订单＋银行"等多种创新形式，延长了农业金融链条。

4. "保险＋期货"能够促进农业规模经营

在政策支持下，我国新型农业经营主体快速发展，这类主体生产专业化程度较高、产品的商品率也较高，市场波动对其生产经营活动影响较大，具有更高的避险需求，因此需要有效的风险对冲工具来保障其收益。传统保险在农产品价格波动风险管理上存在不足，由于农业保险赔偿率高，道德风险始终得不到有效抑制，加之农产品保险价格理赔的概率远远高于其他保险品种，导致农业保险供应不足，客观上阻碍了农业规模经营。"保险＋期货"模式转移了保险风险，让规模经营主体能够有效对接保险，为扩大规模提供了必要条件。

三、农产品"保险＋期货"运行机理分析

农产品"保险＋期货"的推出契合了我国农业经济风险管理需要，将农产品价格风险转化为保险赔付风险，并将保险风险通过场外期权交易的形式转移给期货风险管理公司，期货公司最终通过专业的期货交易操作进行风险对冲，形成了封闭的农业风险管理模式。当前，我国农产品"保险＋期货"项目以价格险为主，主要业务内容：农产品生产者（农民或农民合作社、村集体经济组织、农业企业等）向保险公司购买保险（将农产品价格风险转移给保险公司），保险公司向期货风险管理公司购买场外期权（将保险公司的偿付风险转移给期货风险管理公司），期货风险管理公司在场外市场进行期货对冲交易（将敞口风险转移给期货市场上的交易对手），形成农产品价格风险的一系列转移，最后保险公司向农民兑现理赔。如图 5-1 所示。

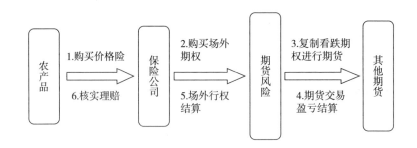

图 5-1 "保险＋期货"交易流程及风险转移

从保险理论上看，农产品市场价格波动风险特点并不满足可保风险的判断标准，传统农业保险难以介入此领域，而农产品"保险＋期货"项目成功地解决了这一理论障碍。在该模式下，保险和期货公司

运用市场化的手段，将保险功能与期货的风险管理、价格发现等功能有效连接，既对农民因价格波动所受的损失进行了风险补偿，也避免政府采取价格托市等干预手段对农产品价格信号形成扭曲，干扰农业产业链条的正常运行，而且此模式能够有效发挥市场价格引导生产、调节供求的基础作用，达到保障农民收入、促进农业市场化和推动农业产业链健康发展的多重目的。农产品"保险＋期货"模式的主要特点有以下四个。

一是匹配农产品价格风险管理需求。农产品价格风险具有系统性，单纯的农业保险使得保险经营机构没有渠道进行风险分散，加之农业再保险体系也没有建立完善，所以单纯的农业保险成本较大，如果没有政府补贴的介入，保险经营机构的积极性不高。

二是间接联结期货工具与广大农户。广大农民对期货、期权等金融衍生品较为陌生，专业知识不足，大部分农民合作社、家庭农场等新型农业经营组织不具备直接参与期货交易的条件。同时，期货经营机构也没有面对众多分散小农户的基层网络。"保险＋期货"模式下，实现了通过农业保险的基层渠道将期货工具间接服务分散的小农户，同时也间接扩大了期货市场的参与群体和交易规模。

三是为农户生产经营提供稳定预期。农产品"保险＋期货"模式能够对农产品价格下跌起到托底作用，由于保障内容在农产品种植前就已经通过保险进行了明确，农民在种植周期开始时就有了稳定的收益预期，消除了农民未来收入的不确定性，对农民种植农产品的积极性和农业生产的稳定性起到了较好的保护作用。

四是期货市场有效性是模式成败的关键。在农产品"保险＋期货"模式下，农民将农产品价格风险转移给保险公司，保险公司再将价格风险转移给期货公司，如此操作后，农民和保险公司都实现了风险转移，最后的风险取决于期货公司能否在场外期货交易中对冲风险。所以，期货风险管理公司才是实现市场价格风险转移的关键。要实现风险转移目标，期货公司需要专业团队进行期货业务的操作，这又取决于期货公司自身交易水平和期货市场运行质量，也是期货公司实现自身商业价值的关键。

四、不同交易所的农产品"保险＋期货"试点比较

当前我国在大连商品交易所、郑州商品交易所、上海期货交易所均开展了农产品"保险＋期货"试点扶贫工作。从品种上看，大连商品交易所主要有玉米、大豆、鸡蛋，郑州商品交易所有棉花、白糖、苹果、红枣，上海期货交易所有天然橡胶。表5－2以黑龙江桦川大豆、广西罗城县白糖、海南琼中天然橡胶为例比较三大交易所在农产品"保险＋期货"试点方面的异同。

表5－2　　　　不同交易所农产品"保险＋期货"试点比较

交易所名称	大连商品交易所	郑州商品交易所	上海期货交易所
品　种	大　豆	白　糖	天然橡胶
试点地区	黑龙江桦川	广西罗城	海南琼中
保险公司	中国人民财产保险股份有限公司	中国人民财产保险股份有限公司	某保险公司
保险类别	价格保险	价格保险	价格保险
保费来源	海通期货、桦川县政府共同承担	郑商所全额补贴	海通期货全额代付
保险费率	—	3.31%	—
赔付上限	—	400元/吨	—
最低赔付标准	—	整体保费的15%	—
赔付率	—	74.44%	超过70%
期货公司	海通期货	南华期货股份有限公司、永安期货股份有限公司、新湖期货有限公司	海通期货
场外期权类型	创新型亚式期权	增强保底型熊市价差亚式期权	创新型亚式期权
行权价格	"二次结算""就高不就低"	合约期间的平均价格	"二次结算""就高不就低"
期现基差管理	存在补偿机制	—	存在补偿机制

注：根据已有资料整理。

从表5－2比较可知，在农产品期权的设计上，各期货公司均采用了亚式期权设计，与欧式期权或美式期权相比，在到期日确定期权收益时，不是采用标的资产当时的市场价格，而是用期权有效期内标的资产价格的平均值。这样的期权设计，一是由于农户在现货端通常都是使用平均价格计算，亚式期权可使方案更加贴近农户实际风险管理需求；二是相对于欧式期权、美式期权，亚式期权成本较低，可帮助农户节约避险成本，提高风险管理方案的可复制性和可持续性。此外，不同的期货公司从农产品自身特点出发，在行权价格上创新出不同的计算方式，如海通期货就采取了"二次结算""就高不就低"的条款，切实提高了对农户的赔付率，让农户得到了更多的实惠。总体来看，"保险＋期货"模式下农产品赔付率较高，这对于保障贫困地区农民利益、保障扶贫效果较好，但后期推广过程中，也会加大模式市场化运行成本，存在改进空间。

五、农产品"保险＋期货"试点面临的主要问题

农产品"保险＋期货"试点的扶贫性表现较好，但是仍然存在一些问题亟待改进，特别是该金融创新的可持续性仍需要深入探讨。

（一）保费成本较高、来源单一，市场可持续性堪忧

在贫困地区开展的农产品"保险＋期货"项目主要实行价格保险，与成本保险相比，价格保险本身性质决定其保费相对较高，对于种植利润微薄的农户、贫困农户来说很难承担保费费用，故现阶段贫困地区试点中的保费费用绝大部分由商品交易所承担，如广西罗城白糖试点保费资金全部来自郑州商品交易所，可视为商品交易所的扶贫行为。所以，在此种情形下，也限制了试点范围的进一步扩大。如该试点下一步未取得中央财政或地方政府资金支持，仅依靠交易所的补贴资金，难以形成长久有效的补贴机制。此外，农民不缴纳保费的情况，在扶贫项目中可以理解，但如果进一步市场化运作，农户不缴纳保费是否与市场化相违背。

（二）保险公司和期货公司的权责划分有待进一步明晰

农产品"保险＋期货"模式以应对农业生产、销售等各环节日益增

长的风险保障需求为目标，由期货公司和保险公司共同参与，需要双方共同开发适应农产品及市场特点的产品和交易方式。该模式中，保费由交易所承担，保险公司赚取通道费用，所以保险公司层面有激励制定较低的目标价格来降低理赔概率，而且保险公司在转移风险时也会尽可能承担较少的风险责任，从而更好地保护保险公司利益。随着农产品"保险＋期货"覆盖面的不断拓展，相应的套期保值交易范围也将不断扩大，期货公司为对冲场外期权的市场风险，将不得不在期货市场进行频繁交易，尤其在标的行情不利于赔付的年份，不仅对对手盘的要求越来越高，而且还会带来较高的经营成本。一旦期货公司经营不善，形成亏损，将严重影响该模式的可持续性。

（三）有限的财政收入限制了项目的扩大与推广

据了解，目前开展"保险＋期货"的补贴资金来源较为单一，除了贫困地区绝大部分由政府或交易所买单外，只有原农业部、郑商所、大商所、上海期货交易所以及少数地方政府支持，农户承担比例达10%～30%。如果将该模式进行推广，则会面临补贴资金需求较大的局面，迫切需要各部门共同努力以解决保费来源问题。从国家层面看，虽然政策上给予大力支持，但该项试点还未纳入中央财政补贴范围，部分地方财政对试点的补贴仍然不够，对于贫困地区、欠发达地区或农业大省来说，更是难以提供较高水平的财政支持，这些都不利于试点的扩大和后续推广。

（四）扩大农产品试点范围将面临不容忽视的交易费用

从可持续性的角度看，扩大农产品"保险＋期货"试点范围后的市场表现是检验可持续性的重要内容。由于标的物是农产品，而我国的基本国情和农情是人多地少，所以试点范围扩大后的交易费用不容小觑。以罗城白糖全县试点为例，该项目是首次针对县域覆盖的承保期货价格保险，在项目宣传引导、承保手续、理赔手续收集方面，虽然人保财险进行了深入创新，但仍然存在着信息不对称、手续收集时效性较差、偏远地区推广仍有难度等问题。由于项目涉及罗城全县甘蔗种植户，在农户信息收集（包括但不限于身份证号、银行账号信息、联系电话）、承保地块的验标、承保及理赔公示等均需要大量人力及时间，在理赔阶段仍旧遇到高退票率情况，二次、三次重新收集农户银行账号信息，影响项目理赔时效。

（五）认识上存在难度影响了"保险＋期货"模式的推进力度

我国农业保险从 2004 年开始试点，至今已有 15 年时间。从农民角度看，大部分农民对农业保险逐步具备了基本认识，对农业保险的投保、查勘定损、理赔等程序都比较清楚。期货的概念虽然较早引入我国，但广大农民对期货的认识明显不如保险深刻。从农民角度看，与期货有关的新概念、新名词较多，对冲风险、场外期权、美式期权、亚式期权、欧式期权等，很难用简单的语言给农民和新型农业经营主体解释清楚，地方政府领导和相关部门负责人对这些新名词也不太熟悉。上述这些认识上的障碍大大影响了期货公司和保险公司推进"保险＋期货"试点模式的积极性。

六、"保险＋期货"试点的思考与建议

针对"保险＋期货"试点过程中出现的问题，还需要在实践中进一步完善和提升项目内在机理设计和针对贫困地区的可行性。

（一）丰富保费来源是模式可持续的关键

单纯地依靠交易所作为试点保费来源并非长久之计，也限制了该模式的进一步发展与规模。建议进一步推动政府对其有所作为，鼓励银行、龙头企业、农民合作社、社会资本等各方力量逐渐加入该模式，一方面，可以丰富模式参与主体和延伸产业链的辐射面；另一方面，推动社会资金加入保费补贴队伍，拓宽保费来源。针对风险集中于期货经营公司的情况，建议探索风险分散多元化机制。推进补贴政策改革，进一步助力"保险＋期货"模式由试点转向常规。

（二）探索"保险＋期货"模式创新

从"保险＋期货"模式的可持续性出发，要推动建立健全更加科学

的保险目标价格定价机制，形成期货、保险、政府、农户的风险利益更加均衡的运行模式。进一步厘清保险公司、期货公司、交易所等相关利益主体的权责利关系，针对期货公司风险敞口增大的情况，可以探索建立保险公司与期货公司收益风险共享机制。在"保险＋期货"的框架下延伸服务供给，通过价格保障，给需要贷款的农户增信，尝试价格保险保单质押贷款，还可以加强与农业信贷担保体系、银行等金融机构的合作，推动"融资＋担保＋保险＋期货"等模式创新。

（三）加大财政支持力度

项目试点过程中，政府发挥的作用主要体现在动员和组织农户投保等方面，由于地方政府缺乏专业的精算能力和期货知识，以及试点项目没有建立中央财政和地方财政的分担机制，地方政府没有参与补贴，从而减弱了地方政府的主体责任意识。建议将农产品"保险＋期货"模式的专项保费补贴纳入中央财政和地方财政补贴范畴，建立中央财政和地方财政的分担机制，在补贴结构上可采取"中央补贴＋地方补贴＋农户自愿"的模式，具体分担比例可参照政策性农业保险设置模式。

（四）稳步扩大"保险＋期货"试点范围

稳步扩大农产品试点区域、数量和类型，引导未参保农户加强对试点项目的了解，对粮食生产功能区、重要农产品保护区所在的县域进行试点全覆盖，统筹管理。通过试点，摸索总结可复制推广的大面积承保农产品价格保险新模式。通过稳步扩大"保险＋期货"试点，不断加深对试点的理解与认识，进一步推广扩大试点规模，成为良性循环。

（五）改进农产品"保险＋期货"补贴方式

当前财政支持下的农产品"保险＋期货"模式给农业生产者提供了价格支持，对农产品价格形成也存在一定程度的影响。该模式的市场化运作，为推进我国农业支持政策从"黄箱"向"绿箱"转变提供了新的思路。如果能够通过对农产品"保险＋期货"运行机制的改进，使推广时完全市场化运作，或者通过改进财政支持补贴方式，使之与价格、生产脱钩，则将在"绿箱政策"框架下为我国农业增长、农民增收提供更多的金融支持。

（六）加强保险期货知识宣传普及

进一步加强农产品"保险＋期货"模式的宣传和教育工作，在农村深入普及金融保险知识，增强农民风险管理意识。加强对各类新型农业经营主体的培训，引导他们了解期货市场、熟悉期货市场操作业务，扩大期货市场容量。向农民、新型农业经营主体宣传收入保险、欧式期权（保险）、美式期权（保险）、阶梯形期权（保险）等产品，满足不同地区农户和新型农业经营主体个性化的需求。要以"保险＋期货"业务理赔为契机，让广大农民进一步加深对该模式的认识，为进一步推广"保险＋期货"模式的覆盖面奠定群众基础。

专栏　农产品"保险＋期货"：如何"定箱"？

农产品"保险＋期货"试点是化解农业系统性风险、提高农民收入的重要举措，也是我国农业支持保护政策改革内容之一。自2016年开始，连续5年中央一号文件都提到该项试点，并要求"稳步扩大试点""优化试点模式"。随着试点经验的逐步积累、试点品种和试点范围的逐步扩大，如果试点最终推向全国，农产品"保险＋期货"的"定箱"问题将不容回避。

WTO《农业协定》从市场准入、国内支持和出口竞争3个方面对国际农产品贸易加以规范和约束。其中，国内支持是指政府通过各种国内政策，以农业和农民为扶持资助对象所进行的各种财政支持措施的总称。根据对农业生产和贸易影响程度的不同，可将上述支持政策分为"绿箱"政策、"黄箱"政策、"蓝箱"政策。"绿箱"政策是指那些对生产和贸易不造成扭曲影响或者影响非常微弱的政策；"黄箱"政策是指对生产和贸易有直接扭曲作用的政策，包括价格补贴、营销贷款、面积补贴、牲畜数量补贴，种子、肥料、灌溉等投入补贴，以及部分有补贴的贷款项目；"蓝箱"政策是指在实行价格支持措施的同时，还限制生产面积、牲畜头数和产品产量的措施。由于"黄箱"政策对生产和贸易作用最直接，扭曲性影响最明显，因此更受各国政府高度关注，WTO农业谈判的减让承诺也主要围绕"黄箱"政策展开。

从农产品"保险+期货"的运作模式看，其补贴方式是否涉及"黄箱"范畴，还需要具体分析。

第一，从试点补贴资金的来源看，当前大部分试点补贴资金来源为期货交易所（如郑商所、大商所、上期所），据了解，期货交易所提供的补贴资金来源于期货公司的佣金，而佣金又来源于期货市场上的交易者。此类情形属于市场化行为，不涉及政府财政资金，故不涉及"定箱"范畴；此外，在试点扩大过程中，有些地方政府从地方财政中拿出一部分资金（如扶贫资金）补贴保费支出，近年来还出现了中央财政奖补试点（如甘肃秦安苹果"保险+期货"试点），由于涉及财政资金，此时的补贴行为应纳入"定箱"范畴。

第二，从补贴支持的环节与影响看，如果补贴资金来源为财政资金，则需从补贴行为对农产品生产和贸易的扭曲程度来具体分析是否应划为"黄箱"政策。关于此问题存在不同观点，第一种观点认为，当前的农产品"保险+期货"模式下，对农产品而言属于价格保险，该保险对于农产品价格形成具有一定程度影响，故属于"黄箱"政策；第二种观点认为，在目前的操作方式下，保险公司都是与农业企业、农民合作社等规模经营主体签订保险合同，而这些规模经营主体原本就与农民签署有最低收购价协议，故农民根本不关心此事，也不了解该模式的运作机制，有些甚至不知道此事，所以该模式基本不会对农民生产行为造成影响，所以应纳入"绿箱"政策范畴；第三种观点认为，给该模式"定箱"的实质是给农业保险"定箱"。WTO谈判中，关于农业保险"定箱"的争议较大，美国政府对农业保险支持政策的"定箱"标准是，农产品保费补贴属于"黄箱"，农业保险赔付属于"绿箱"，如果参考美国标准，我国财政支持下的"保险+期货"模式应属于"黄箱"政策。

第三，从试点的发展趋势看，虽然农产品"保险+期货"还称为试点，但每年都有新的品种加入试点行列，试点范围也在慢慢扩大，说明该模式总体上能够运行，而且实践证明对稳定农民生产和收入的确起到了很好的风险防范作用。然而，当前试点规模较小，对期货市场价格影响较小，如果试点向全国推开，规模扩大后必然会对农产品期货市场价格形成影响，成为"黄箱"政策范畴。如果将其定为"黄箱"政策，根据WTO《农业协定》，将面临8.5%的综合支持量（AMS）上限制约，又不利于扩大试点范围。此外，农业保险从价格保险向收入保险方向转变也是当前探索的一个方向，如果以农民生产收入作为保险标的，则对价格只会有少许间接影响，其补贴应属于"绿箱政策"中的"一般性农业收入保障补贴"范畴。

综上所述，本研究认为，财政支持下的农产品"保险＋期货"模式给农业生产者提供了价格支持，对农产品价格形成也存在一定程度的影响，所以更接近"黄箱"政策的范畴。然而，该模式的市场化运作，为推动我国农业支持政策从"黄箱"向"绿箱"转变提供了新的思路：如果能够通过对农产品"保险＋期货"运行机制的改进，使得推广时完全市场化运作，或者通过改进财政支持补贴方式，使之与价格、生产脱钩，则将在"绿箱"政策框架下为我国农业增长、农民增收提供更多的金融支持。

案例十九　广西罗城县白糖"保险＋期货"试点

广西是全国糖业重点产区。2018年全国成品糖产量为1031万吨，其中广西产量为602万吨，占全国总产量的58.4%，位居全国各省第一位。罗城仫佬族自治县（以下简称"罗城县"），隶属广西壮族自治区河池市，是国家级贫困县，也是我国唯一的仫佬族自治县。2018年全县共有40个贫困村，12390户贫困农户，贫困人口43481人。甘蔗是当地主要经济作物，也是该县的支柱产业，白糖价格波动直接影响蔗农收入和当地的脱贫攻坚工作。

1. 试点背景

白糖作为国家重要战略物资之一，也是广西区蔗农的主要经济来源，提高种植积极性，保障蔗农和糖企收入成为政府面临的重大难题。2018年下半年，国际糖市在8月总体震荡偏弱，供求过剩导致利空，且巴西（白糖主产区）货币贬值的加速，也对糖价形成一定打压。国内糖价下半年始终处于低位震荡，但内外价差持续在高位，对外糖走私形成一定的刺激，同时后期新榨季北方甜菜糖或大幅增产，总体对第四季度国内糖价持偏弱预期。

郑州商品交易所自2016年起开展"保险＋期货"服务"三农"试点工作，前期小规模试点项目取得了良好成效和成功经验。在此基础上，郑商所于2018年首次推出白糖"保险＋期货"县域全覆盖试点项目，落地在广西省罗城县。该项目为当地蔗农提供了有效的价格避险途径，为保障贫困蔗农的种植收益和促进当地甘蔗产业持续稳定健康发展提供了最直接、最有效的风险管理工具。

2. 试点内容

白糖"保险＋期货"县域全覆盖试点项目由广西壮族自治区罗城县政府牵头，试点涉及11个乡镇。项目承保甘蔗种植面积131527.9亩，对应白糖现货量60002.88吨。

（1）保险产品情况

该项目承保主体为中国人民财产保险股份有限公司。中国人民财产保险股份有限公司北京市分公司承担保险产品设计工作，河池市分公司、罗城支公司具体承担承保理赔业务。项目保费总额为9989999.99元，保险费率为3.31%，由郑商所全额补贴（保险产品要素具体情况见表1）。

表1   保险要素

指标	具体内容
保险目标价格	5037元/吨
承保数量	60002.88吨，折合甘蔗种植面积131527.9亩
承保期限	2018年10月11日至2019年1月10日，共3个月
保费金额	总保费9989999.99元（其中，南华垫付4997738.12元；永安垫付2495732.18元；新湖垫付2496529.69元）
保费费率	3.30538%

指标	具体内容
理赔结算价计算依据	2018 年 10 月 11 日至 2019 年 1 月 10 日郑州商品交易所白糖期货 1905 合约日收盘价与目标价格比较 若收盘价低于目标价格，则收盘价作为理赔结算价格当日价格依据；若收盘价高于或等于目标价格，则将目标价格作为理赔结算价格当日价格依据
理赔条件	若目标价格＞理赔结算价格，视为保险事故发生 理赔金额＝max｛（目标价格区间上限－成本价格）×利润赔偿系数（成本价格－实际价格)｝×单位产量系数×保险面积且理赔金额≤400 元/吨×保险数量
保底理赔	25 元/吨，总计 150 万元
投保人	南华期货股份有限公司 永安期货股份有限公司 新湖期货有限公司
受益人	欧民芳等 2563 户 罗焕荣等 1761 户 何绍纯等 1840 户

该产品的核心设计为均值优化亚式（增强保底型熊市价差亚式期权），该模式能够有效降低保险费率和市场对白糖价格的风险冲击。在保险期内，若该产品期货的收盘价低于事先确定的目标价格，则将收盘价作为理赔结算价格的当日价格依据；若该产品期货的收盘价高于或等于目标价格，则将目标价格作为理赔结算价格的当日价格依据。保险到期时，取保险期内每日价格的平均值作为理赔结算价格，如果农户的理赔结算价格低于事先确定的目标价格上限，则农民获得相应的理赔金额。该计算方式对扶贫的贡献在于，极大程度地提高了保险赔付概率。实践中为了降低保费，设置赔付上限为 400 元/吨。

为了更好地维护蔗农根本利益，完成白糖"保险＋期货"在罗城县域的全覆盖扩面试点，人保财险与合作的三家期货公司协商后确定，以整体保费的 15%（150 万元）作为最低赔付标准，以达到精准扶贫、保障蔗农利益的目标，进而实现促进和推广"保险＋期货"试点全面铺开的目标。

（2）场外期权对冲情况

该项目由南华期货股份有限公司、永安期货股份有限公司和新湖期货有限公司负责期权方案设计、协助项目申报、承接再保对冲工作。为了充分对冲保险公司的赔付风险，场外期权的设计完全匹配保险产品的设计结构（场外期权产品具体要素见表2）。三家公司对冲数量分别为30017.89吨、14990.1吨、14994.89吨。

表2　　　　　　　　　　　场外期权要素

指　标	具体内容
期权类型	增强保底型熊市价差亚式期权
期权执行价格	5037 元/吨
期权标的	郑州商品交易所白糖期货 1905 合约
入场时间	2018 – 10 – 11
到期日	2019 – 01 – 10
入场时标的物价格	5037 元/吨
波动率	15%
权利金	9480455.04 元

（3）保险理赔情况

本项目保险期间为 2018 年 10 月 11 日至 2019 年 1 月 10 日，保险到期后保险公司依据保险合同对承保农户进行理赔，总赔付金额为7436750.51 元。

按照郑商所公布的 2018 年 10 月 11 日至 2019 年 1 月 10 日白糖 SR05 合约每日结算价格计算依据的平均值 4938.06 元/吨作为理赔实际价格，南华、新湖、永安三家期货公司的风险管理子公司向人保财险结算7436756.95 元，人保财险对承保的 6164 户农户进行赔付 7436750.51 元。2019 年 5 月，理赔款已经全部支付（保险理赔情况见表3）。

表3 保险理赔情况

指　标	具体内容
保障目标价格	5037 元/吨
结算价格	4938.06 元/吨
理赔标准	保险期间内实际价格低于目标价格区间上限
理赔总额	7436750.51 元
保费总额	9989999.99 元
赔付率（理赔总额/保费总额）	74.44%

3. 试点成效

该试点项目覆盖了国家级贫困县罗城县全县甘蔗种植户，保障了农户的种植收益，每位种植户平均获得赔款1200余元。

（1）有效保障了贫困种植户的经营收入

白糖"保险＋期货"项目的运行，不仅能够帮助蔗农规避白糖价格下跌的风险，稳定蔗农的种植收益，而且能够保障种植户特别是贫困种植户的利益，从而促进甘蔗产业的良性发展。同时，该模式能够推动国家级贫困县罗城县的白糖产业更好地融入市场，确保白糖作为支柱产业的地位。该项目试点的成功经验，可以进一步复制推广到其他贫困地区，特别是深度贫困地区，从而为助力脱贫攻坚、服务乡村振兴战略提供重要的金融工具。

（2）有助于理顺农产品价格市场形成机制

开展农产品"保险＋期货"试点，对于农产品价格保险和农产品期货市场发展都起到了重要作用，对于我国农产品价格形成机制改革具有重要意义。农产品"保险＋期货"模式弥补了传统农产品价格保险的不足，有效地利用期货市场对农产品价格波动造成的风险进行了承接、转移和分散，从而改变了原有的农产品价格风险转移模式和国家补贴方式。不仅如此，农产品"保险＋期货"试点，有效对接了农业现代化的风险管理需求，打通了期货市场支农惠农的"最后一公里"，增强了农业生产者通过金融工具保护和稳定自身收益的意识，对农产品价格市场形成机制改革、农产品保险和期货行业的发展都具有重要意义。

(3) 有利于农产品保险和期货的进一步推广

白糖"保险＋期货"项目广泛动员、全面覆盖,成效明显。通过以保险为桥梁,实现广大农户与期货避险零距离,为"保险＋期货"县域全覆盖模式的广泛开展提供了有效借鉴,为形成"政府＋农户＋期货＋保险＋供应链金融"模式提供了实践探索,为更高效地利用社会扶贫资源提供了可行方式。项目推动过程中,一方面在全县范围内进行了全面的普及宣传;另一方面进行了承保出单的公示、理赔公示。在深入普及农业保险和期货业务方面取得了良好效果。

案例二十　甘肃秦安县苹果"保险＋期货"试点

甘肃是我国苹果主产区之一,面积居全国第二位,产量居全国第四位。甘肃天水市秦安县,隶属陇中黄土高原西部梁峁沟壑区,属于国家级贫困县,也是甘肃省23个深度贫困县之一。该县苹果种植区域覆盖面积较广,包含兴国镇、西川镇、莲花镇等17个乡镇,苹果种植面积达60万亩,挂果面积约36万亩,产量50万～75万吨,果农约10.2万户,农民人均林果收入5853元,占农民人均可支配收入的81.6%。苹果收入为该县农民的支柱性收入,苹果价格的波动对当地农民收入和脱贫攻坚产生了重要影响。

1. 试点背景

秦安县作为国家级贫困县,以种植苹果为生的贫困户对国家政策及苹果价格行情有很强的敏感度,一旦苹果价格大幅下跌,贫困户的基本生活就难以保障。近几年,苹果价格大起大落,尽管市场提供了具有价格发现、风险管理功能的苹果期货工具,但是由于果农缺乏金融知识和运用技能,果农收入仍然是起伏不定,对全县脱贫攻坚造成了一定阻碍。2018年,在郑商所的支持下,宏源期货有限公司联合安信农保和太保甘肃在秦安县开展了苹果"保险＋期货"试点项目。

2. 试点内容

（1）投保主体

试点项目明确投保主体为从事苹果种植的建档立卡贫困户，由秦安县扶贫办提供参保建档立卡贫困户清单，由保险公司推出苹果目标价格保险产品并向贫困户销售。试点项目共有1500户参保，承保量3000吨。

（2）保险产品情况

试点项目保障目标价格为12300元/吨，费率为4.34%，保费为534.19元/吨。太保甘肃共取得保费收入160.26万元，其中地方财政补贴50万元。

（3）场外期权产品

太保财险与宏源期货风险管理子公司宏源恒利（上海）实业有限公司签订了场外期权合同，通过购买苹果场外看跌期权把集聚的风险予以转移。本次项目保险产品对应的期权产品为保护型亚美式期权，有以下四个方面特点：

①赔付概率为100%，具体是苹果价格下跌情形，按下跌价差赔付果农，苹果价格上涨情形，给予一定补偿，作用是帮助果农锁定最低销售价格；

②保障与费用均衡，基于大数据统计特征，将参与率和价差区间适当调整，降低项目成本并大概率不影响赔付效果；

③灵活性高，项目期间内果农均有权提前实现赔付；

④保险通道费下降至7%。保险公司向期货公司支付149.05万元期权费用（权利金），规避行情不利发展可能造成的损失，从而达到"再保险"的目的。

（4）场内期货对冲情况

为了管理面临的价格波动风险敞口，宏源恒利利用场内期货市场实现风险转移。作为场外期权出售方，期货公司凭借其自身在技术、研发等方面的能力和优势，将所持有的场外期权头寸转换成期货头寸，根据期权定价公式，计算出每日期权的当前 delta 值，并依据该数值确定在期货市场应建立的对冲风险期货头寸。当市场价格变化时，通过对期货头寸的动态调整，将价格风险转移出去，保证期货公司自身一直处于风险中性状态。

（5）保险理赔情况

保险公司根据合同对承保农户进行理赔。按照合同约定，以保险期间内初始日至索赔日（2018 年 11 月 20 日至 2019 年 1 月 10 日）的每一个交易日的苹果期货 905 合约收盘价的算数平均值 11503.14 元/吨作为理赔依据，宏源恒利（上海）实业有限公司按照目标价格 12300 元/吨计算，每吨理赔 738.83 元［（目标价格 12300 元/吨－期货合约平均收盘价 11503.14 元/吨）×下行参与率 0.85＋目标价格 12300 元/吨×0.5%］，共兑付理赔资金 221.65 万元（每吨理赔 738.83 元×承保量 3000 吨）。太保财险公司从宏源恒利得到这笔理赔款后，再向农户进行赔付。2019 年 4 月 17 日，理赔款通过银行转账的方式已全部兑付到位。如表 4 所示。

表 4　　　　　　　　　　保险理赔情况

指　标	具体内容
保障目标价格	12300 元/吨
结算价格	11503.14 元/吨
每吨理赔	738.83 元（目标价格 12300 元/吨－期货合约平均收盘价 11503.14 元/吨）×下行参与率 0.85＋目标价格 12300 元/吨×0.5%
理赔总额	221.65 万元
保费总额	160.26 万元

各有关主体损益情况如下：在郑商所和地方政府的资金支持下，免费为农户提供保险产品，参保农户收益为 221.65 万元；保险公司从 160.26 万元保费收入中扣除 149.05 万元期权权利金支出，收益约为 11.21 万元；期货公司从 149.05 万元期权权利金收入中扣除 221.65 万元理赔支出，收益约为 -72.6 万元（不包括对冲盈亏）。

3. 试点成效

"保险＋期货"试点项目的开展,有效探索了服务"三农"的新模式,增强了农业生产经营者利用金融衍生工具规避农产品价格风险的意识,不仅有利于加快推动农产品价格市场形成机制改革,而且具有较好的经济效益和社会价值。

(1)农户规避价格风险的有效保障

对于农户来说,"保险＋期货"模式能够有效保障其免受因棉花价格下跌而遭受的损失,帮助参保农户有效防范和规避市场风险。农户购买保险后,当价格下跌时,农户将获得保险赔付;而当价格上涨时,农户正常以市场价格售出,获取收益。市场为农户面临的价格波动风险买单,而不用农户自己承担风险。农户在收益得到保障的情况下,可以不必担忧市场价格波动造成的收入影响,专心从事苹果种植,大大提高了农户参与苹果种植的积极性。

(2)服务"三农"新模式的有效探索

农产品"保险＋期货"模式下,保险公司作为中介,农业生产经营者(农户、农民合作社或者农业企业等)购买保险公司的农产品价格保险,保险公司购买期货公司场外期权产品实现"再保险",期货公司通过期货交易实现风险对冲,从而将风险从农业生产经营者一方转移到保险公司,再由保险公司转移到期货公司,再由期货公司转移到市场端,如此就形成了一个价格风险分散链条。保险公司和期货公司共同承担了价格波动风险,使保险行业和期货行业在各自优势上进行互补。保险公司充分发挥其资源服务优势,期货公司充分发挥其专业的风险管理能力,两者结合则形成服务实体经济和"三农"的创新模式,最终实现农户、保险公司和期货公司三方共赢。

(3)农产品市场化定价的有力推进

随着"保险＋期货"项目试点的开展,农户、涉农企业等生产经营主体对农产品价格风险认识更加深入,防范风险意识逐步提升,抵御市场风险能力提高,有效规避因市场价格不确定因素对农户生产以及农产品供给造成的冲击，对深化农产品价格形成机制改革具有重要意义。此外，"保险＋期货"试点发挥了农村保险服务网络的优势，扩大了期货市场交易量，提高了期货市场的活跃程度，期货市场的价格发现和风险管理功能逐步强化，有利于推进苹果的市场化定价。

（4）经济效益与社会效益双丰收的重要实现

经济效益方面，在"保险＋期货"模式下，单位农产品保险费用低于目标价格政策补贴单位成本，在实现相同政策目标的前提下，"保险＋期货"的补贴成本更低。在采价及赔付等环节依托市场化企业（保险公司、期货公司）进行商业化运作，可在较短时间内迅速完成农民的结算及赔付工作。该模式下，农民的补贴发放速度和时效性均高于目标价格政策，对于实现农户种植预期稳定、减轻政府负担具有重要作用。在社会效益方面，农产品"保险＋期货"可以优先惠及建档立卡贫困户，提高扶贫工作的指向性和精准性，共同助力乡村振兴战略。

案例二十一　安徽宿松县棉花"保险＋期货"试点

安徽省曾是全国植棉大省，常年棉花种植面积600万亩左右，年产棉花超过35万吨，但近年来省内棉花种植面积出现连续大幅下滑，2018年种植面积仅有160多万亩，较高峰时下降了近75%，并有进一步下滑的趋势。棉花种植收益主要受棉价波动影响，近年来棉花价格大幅波动使得棉农种植收益预期不佳，农户缺乏有效应对措施，不仅导致安徽棉花种植面积下滑，而且影响到棉花在安徽种植的产业基础。

1. 试点背景

2018年，在郑商所的支持下，华安期货有限责任公司联合子公司华安资本、国元农业保险股份有限公司、上海证券交易所、华安证券股份有限公司以及宿松县人民政府，在宿松县试点棉花"保险＋期货"项目。试点项目覆盖宿松县下辖的千岭乡、五里乡、复兴镇、汇口镇四个乡镇的6378户（含1家合作社），其中建档立卡贫困户745户，承保面积20848亩，承保数量折合1563.6吨皮棉。

2. 试点内容

参保农户与国元农保签订保险合同,合同约定保险期为 2018 年 9 月 26 日至 2018 年 12 月 25 日,项目保费为 1459359 元。保费由华安期货、上海证券交易所及华安证券共同承担,保证农户 0 保费参与试点。

(1) 保险公司风险转移

国元农保向华安期货子公司华安资本购买棉花场外期权产品规避棉价下跌风险。场外期权产品的数量、期限和赔付条款与保险合同一致。如果保险合同触发赔付条款,国元农保向农户支付的保险赔付额,可由华安资本向国元农保支付的场外期权赔付全额覆盖,国元农保实现了风险转移的目的,本身并不承担棉花价格下跌的风险。

(2) 期货公司对冲操作

保险产品赔付条款的目标价与结算价挂钩郑商所棉花 1901 合约。华安资本充分利用期货市场的风险管理功能,发挥自身在风险管理方面的专业优势,利用棉花期货复制场外期权,将卖出场外期权产品承担的赔付风险转移到期货市场上,本身并不承担额外的敞口风险。

(3) 按照保险合同约定理赔

按照保险合同约定,以郑棉 1901 合约在保险期间内的最后 5 个交易日结算价的算术平均值作为理赔结算价,当结算价低于保险目标价时,视为保险事故触发,国元农保向投保农户赔付损失。按照郑商所官网公布的数据,最终合同结算价为 14414 元/吨,较目标价格 16110 元/吨下跌 1696 元/吨,保险赔付额为 1696 元/吨,折合每亩赔付 127.2 元/亩。按照投保面积 20848 亩计算,国元农保向投保农户赔付总额为 2651865.60 元,赔付率高达 181.5%,保障效果显著。

3. 试点成效

试点通过"保险+期货"的形式,为棉花种植户提供了简单易操作的风险管理工具,提前锁定了种植收益,摆脱了传统农业生产"靠天收"的困境。

（1）多机构共同努力，助力宿松脱贫摘帽

试点项目发挥了期货市场服务实体经济的基本功能，稳定了农户的种植预期。据当地农业部门调研，参与试点乡镇2019年棉花种植意向较上年增加了16%，周边未参与试点乡镇种植意向基本持平或下降。试点区域宿松县位于大别山区，属于国家级贫困县，2018年是该县"脱贫摘帽"关键年，脱贫工作进入攻坚阶段。上海证券交易所、华安证券和华安期货作为该县的共同对口帮扶单位，联合将棉花"保险＋期货"这一金融创新模式引入宿松，实行"造血"与"输血"同步进行的扶贫策略，助力当地脱贫摘帽。

（2）探索构建新型农业补贴体系

相较于农产品收储等农业补贴政策，"保险＋期货"项目同样能应对农产品价格风险，但更加市场化，是收储政策退出后保障农户种植收益的可靠工具。在近年来愈演愈烈的国际贸易争端中，传统的农业支持补贴政策，容易授人以短，价格险试点适应时代要求，是构建新型农业补贴体系的积极探索。同时，试点通过为农户支付保费的形式，等同于给予农户免费保险，但不生产不能享有，相较于直接的现金转移支付，更利于激励生产，发挥自我"造血"功能。

（3）积极宣传，普及金融保险知识

华安期货、华安资本联合国元农保、地方政府及棉花行业协会等单位分别于项目启动时和结束时，在宿松当地面对参保农户、基层村镇干部开展了两场"保险＋期货"知识培训和项目内容宣讲，并在本地媒体资源上发表多篇项目宣传稿，向当地宣传金融保险知识。通过培训和宣传，让农户和涉农主体了解金融工具在现代农业生产中的积极作用。

案例二十二　海南琼中县天然橡胶"保险＋期货"试点

中国是全球橡胶最大的消费地区，其消费量占比超过全球消费的1/3，产量约占6.5%。天然橡胶是我国重要的战略物资和工业原料，而近些年来橡胶价格整体出现了大幅下滑，严重影响了胶农的生产积极性和收入。

1. 试点背景

琼中黎族苗族自治县（琼中县）是海南省下辖的民族自治县之一，以黎族苗族等少数民族为代表，各族人民聚族而居。琼中县经济发展主要依赖橡胶等传统产业，因山地较多，橡胶种植较为零散，农业生产条件差，是全国贫困县。

海通期货选择以该县胶农作为精准扶贫服务主体，充分发挥期货公司在衍生品风险管理方面的专长，结合当地实际情况，以"保险＋期货""场外期权"等形式为胶农提供橡胶价格风险管理服务（见图1），让胶农能够放心生产，通过辛勤劳动早日脱贫致富，受到了当地政府与胶农的热烈欢迎。

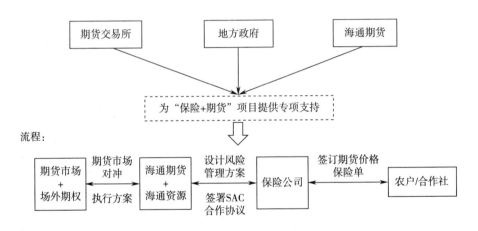

图1 天然橡胶"保险＋期货"业务流程

2. 试点内容

2017 年初，海通期货发挥期货公司在衍生品市场上的优势，利用"场外期权"方式为海南琼中福岛橡胶专业合作社的农户规避橡胶价格下跌风险，促进贫困地区增收。上海证监局、海南证监局、海南保监局对于该项目的实施都非常重视，给予项目一定的指导和支持，最终项目实现对胶农赔付约 17 万元，取得了良好效果。

（1）保险产品情况

保险投保人为琼中福岛橡胶专业合作社（海通期货股份有限公司代为支付全额保费），保险被保人为琼中福岛橡胶专业合作社。

保险周期：

第一期间：2017年6月28日至2017年9月28日

第二期间：2017年9月28日至2017年11月28日

（2）场外期权设计

在期权设计上，除根据胶农随行就市销售橡胶的特点而采用亚式期权之外，海通期货特别引进了多次结算和行权价就低不就高条款，在保费变动不大的前提下，大大提高了项目对胶农的赔付概率和力度。具体如下：

第一，多次结算条款。考虑到橡胶行情波动较大，为了更好地保护胶农的收益，在期权设计上，首先将5个月的亚式期权进行技术性拆分成两个阶段（3+2）的模式，即第一阶段期限为6月至9月，保价数量为1200吨橡胶，第二阶段期限为10月至11月底，保价数量为800吨橡胶，并分两次进行期权价格结算。

第二，行权价"就高不就低"条款。如果第一阶段到期日（9月28日）标的期货合约的收盘价高于第一阶段期初（6月28日）标的期货合约价格时，则第二阶段的行权价调整为第一阶段到期日（9月28日）标的收盘价的95%，如果第一阶段到期日（9月28日）价格低于第一阶段期初（6月28日）标的价格时，则不予调整。

3. 试点效果

在上海期货交易所及海南琼中县人民政府的支持推动下，海通期货结合贫困县产业特色，充分发挥金融衍生品风险管理领域的专长，以农产品"保险＋期货"试点的形式，量身定制了农产品价格风险的管理方案。该模式通过期货市场进行风险对冲，为农产品价格下行风险提供了保护，不仅能够实现精准扶贫目标，而且对期货市场服务实体经济也具有重要意义。

项目通过引入"二次结算""就高不就低"的创新型亚式期权设计，有效提高了赔付概率和赔付力度，最终实现赔付629576元，加上前期"场外期权"赔付，共计约80万元，有效协助胶农抵御了价格下跌风险。对于合作社利用"保险＋期货"，实现金融创新和市场化机制规避橡胶价格下降风险，都具备较高的复制推广性。

（1）助力精准扶贫

在全国各行各业投身脱贫攻坚的大背景下，海通期货响应中央号召，发挥金融衍生品行业风险管理专长，融合保险、期货、场外期权等金融工具，在农业供给侧结构性改革的新型政策环境下，充分利用市场化手段为胶农提供价格下跌保护，减轻政府财政负担，有效提高财政资金利用效率，更好地服务"三农"，服务实体经济，精准扶贫，助力打赢脱贫攻坚战。

（2）创新风险管理

海通期货在"保险＋期货"的核心风险管理方案设计上，充分考虑当地的实际情况，进行多次创新，通过科学设计，引入"多次结算""多行权价""就高不就低"的创新亚式期权，提高了该产品针对农户的赔付概率和赔付力度，增加胶农保险权益，让胶农得到更多的实惠，有效协助其抵御价格下跌风险。

（3）示范意义较强

项目实施地点、品种具有代表性。海通期货利用市场化手段为农民提供价格风险管理支持，切实保障胶农利益，使农业发展更加贴近市场，有利于稳定生产，提高效率。总体上看，这一模式能够有效保障胶农收益，改变了原有的农产品风险转移方式和农产品补贴方式，其成功运作将为稳步扩大"保险＋期货"模式奠定良好的基础，提升我国农产品市场定价能力和产品竞争力。

案例二十三　黑龙江桦川县大豆"保险＋期货"试点

随着我国农业供给侧结构性改革的不断推进，玉米、大豆、棉花的临储政策已经取消。在农业市场化持续深入推进的大背景下，相关部门、地方政府积极探索促进农业生产、保护农民利益的有效途径。农产品"保险＋期货"作为一种利用金融衍生工具转移价格风险、保障和稳定农民收入的创新模式，其重要意义及推广价值已经获得中央及社会各界肯定，并连续5年被写入中央一号文件。

1. 试点背景

黑龙江桦川县位于黑龙江省东北部，三江平原腹地，松花江下游南岸，是国家级贫困县之一，桦川县大豆种植面积31万亩，大豆种植是当地农户重要的家庭收入来源之一。

2014年，国家取消了大豆和棉花的临储政策，2016年取消了玉米临储政策，2017年中央一号文件明确"调整大豆目标价格政策"，实行市场化收购加补贴机制。不断出台的新政策使大豆的价格波动日益加剧，对于抵御风险能力较弱的贫困县农户来说，他们迫切需要一份大豆价格保险为其保驾护航。

2017年，海通期货与黑龙江桦川县签订结对帮扶扶贫备忘录，其中产业帮扶方面，在大连商品交易所的大力支持下，海通期货于2017年下半年联合人保财险与黑龙江桦川县，建立了农产品"保险＋期货"试点合作关系，通过组建专业大豆产业帮扶研究团队，与桦川县推荐的农业相关企业开展合作对接，结合地方特色，挖掘资源和产业再发展的有效途径，为相关企业定期提供产业链研究报告和期货相关产品套期保值服务。

2. 试点内容

（1）采取亚式期权设计

亚式期权又称为平均价格期权，该期权与美式期权或欧式期权的区别在于：在到期日确定期权收益时，不是采用标的资产当时的市场价格，而是用期权有效期内标的资产价格的平均值。采取亚式的期权设计，主要考虑以下两个方面：

①农户在现货端通常都是使用平均价格计算，亚式期权可使方案更

加贴近农户实际风险管理需求。

②相对于欧式期权、美式期权，亚式期权成本较低，可帮助农户节约避险成本，提高风险管理方案的可复制性和可持续性。

（2）分阶段计算结算价条款

为进一步控制场外期权成本，将4个月的亚式期权进行技术性拆分成两个阶段（1+3）的模式，即第一阶段期限为2017年8月15日至8月31日，第二阶段期限为2017年9月1日至12月14日，每阶段结算价为该时段内大豆期货结算价算术平均值。

（3）结算价"就低不就高"条款

如果第一阶段结算价小于第二阶段结算价，则方案的最终结算价格确定为第一阶段结算价；如果第一阶段结算价大于第二阶段结算价，则方案的最终结算价格确定为第二阶段结算价。

（4）大豆期现基差风险管理方案

农户及合作社以现货价格出售大豆，保单以期货价格作为统一保险理赔价格依据。本方案通过场外期权管理期货价格风险，间接管理现货，对于保险期间存在的基差风险采取了补偿机制，如果结算基差高于约定基差，则对农户有利，可以不予赔偿；如果结算基差低于约定基差，则对农户不利，农户将得到相应的基差补偿额度。

3. 试点成效

项目最终实现理赔金额总计2506593.18元，不仅有效规避了大豆价格低迷给农户带来的损失，而且保障了农民利益，使农民种植大豆的积极性得到很大提升，受到当地农民一致好评，为今后扩大试点范围、帮助桦川县早日脱贫发挥了重要作用。

案例二十四　河南太康县鸡蛋"保险+期货"项目

我国是世界最大的蛋品生产与消费国，拥有14亿只蛋鸡，鸡蛋产量占全球的38%，年收入规模近3000亿元，但整个行业养殖规模较为分散。其中，500~1万只鸡的小规模养殖户有59万家，5万~10万只的养殖户有2250家，10万~50万只的有750家，超过50万只养殖规模的养殖户全国仅27家，养殖规模高度分散。长期以来，我国农产品（000061）市场上生产者没有议价的能力，养殖行业鸡蛋价格方面更是如此。鸡蛋每年的价格波动幅度都很大，以2018年11月至2019年2月为例，大商所鸡蛋期货指数从4278下跌到3380，跌幅为21.1%，在饲料成本上涨的压力下，蛋鸡养殖户养殖收益受到很严重的影响。

1. 试点背景

河南省太康县是国家级贫困县，当地养殖行业以生猪和蛋鸡为主，蛋鸡总养殖数量为340万只，产量为6.3万吨。近几年，鸡蛋价格起伏不定，为当地蛋鸡养殖户带来很大风险。而作为养殖饲料的豆粕价格波动也很大，年波动幅度超过20%；玉米近三年来连续上涨，涨幅超过40%。养殖户饲料成本上涨，鸡蛋价格没有保障，为蛋鸡养殖收入带来很大的不确定性，养殖户对于鸡蛋养殖利润保险需求强烈。

2. 试点内容

2019年7月31日，新湖期货有限公司（以下简称新湖期货）与中华联合财险河南分公司在河南省太康县联合开展的鸡蛋养殖利润保险项目顺利开展。该项目为大连商品交易所2019年"农民收入保障计划"分散试点项目，参与试点项目的主体为太康县54户蛋鸡养殖户及19户建档立卡贫困户，涉及4000吨鸡蛋利润保障。

本项目得到太康县政府和当地龙头企业登海种业（002041）的大力支持。政府下发正式通知，推进"保险＋期货"的宣传与落实；登海种业旗下控股公司登海正粮为养殖户提供饲料原料（玉米）；当地闻名养殖合作社为养殖户提供鸡苗、蛋鸡养殖技术和鸡蛋订单采购服务；新湖期货和中华财险为养殖户提供养殖利润保障服务。为降低养殖户成本，新湖期货对养殖利润保险给予60%的补贴，其中闻名养殖合作社与登海种业各承担保费的10%，养殖户自筹保费剩余的20%。

3. 项目意义

该试点模式是新湖期货涉足养殖产业，并实现期货业务跨越式升级的一次探索与尝试。该项目由当地政府引导，龙头企业参与，其他参与各方共同打造 AIC 一站式的农业服务平台，实现从种植到养殖的跨行业服务模式。从模式运营状况看，该项目实现了从主体建设到培育再到扶持的联合运作，不仅实现了集中连片的推广绿色生产，而且推动了养殖供销一条龙服务，做到了种养一体化。该模式是新湖期货打造绿色生态养殖环境的一次深度和成功探索，试点的落地有助于积累该行业服务"三农"产业的宝贵经验，有助于实现种养行业的有机融合，实现农业的大步发展。新湖期货将以此为契机，开展探索更多有深度和广度的产业服务模式，为农业经济建设贡献力量。

案例二十五　山东巨野县玉米"保险＋期货"项目

近年来，国家在农业领域市场化改革不断深入，相继取消了大豆、棉花和玉米的临时收储政策，实行"市场定价、价补分离"的新机制，给市场带来了新的活力，但取消临储政策后农民的收入无法保障，种粮积极性也受到了影响。面对市场经济环境下的粮食价格波动，粮农迫切需要利用价格收入保险等手段为其种粮收益保驾护航。

1. 试点背景

菏泽市是 2018 年山东省委省政府确定的全省两个深度贫困地区之一，建档立卡贫困户占全省的 51.2%，其下辖的巨野县是全省 20 个扶贫任务较重的县之一。巨野县的农户主要以种植玉米作为经济作物收入来源，近年来，随着玉米收储制度的取消，玉米价格波动加大，农户面临着日益凸显的丰产不丰收风险。

2. 试点内容

玉米"保险＋期货"模式的保险项目承担主体为中国太保产险山东分公司。项目共为巨野县近 1.6 万名建档立卡贫困户提供玉米目标价格保险，共计保障 6 万亩玉米，保障金额为 5427 万元，保障标准为 1.8元/公斤、亩产 500 公斤。保障促发机制为：当玉米收获后，如果采价期玉米期货市场价格低于目标价格（1.8 元/公斤），则由保险公司向投保贫

161

困农户进行差价补偿。

在该项目中，建档立卡贫困户不需要承担任何保险费用，其中50%的资金是由大连商品交易所"农民收入保障计划"进行补贴，由大有期货联合产险山东分公司提出申请，另外50%由巨野县扶贫办的扶贫资金予以解决。

3. 试点意义

该项目实施以后，不仅成功解决了贫困农户玉米种植收入的保障问题，而且结合政府扶贫资金，最大限度发挥了扶贫资金的杠杆作用。最为重要的是，该项目发挥了金融衍生工具的特殊功能，利用市场化运作方式，确保了扶贫的精准性，为持续探索农民增产稳收提供了一条新路径。

案例二十六　河北赞皇县红枣"保险＋期货"试点

农业产业风险较高，不仅存在天气灾害等自然风险，而且农产品价格受市场影响较大，农产品价格波动对于风险承受能力较弱的农民来说有时是致命的。农作物单产降低（生产风险）和农产品价格波动（市场风险）是农民面临的两种最主要风险，而且随着市场经济的深入推进，市场价格风险有时超过生产风险，对农民收入的影响越来越大。

1. 试点背景

2019年4月2日，郑商所计划推出红枣期货。为保证红枣期货合约和规则制度的设计合理性，郑商所就红枣期货合约和规则制度公开征求市场意见。根据红枣期货合约的征求意见稿，该品种的交易单位为5吨/手、报价单位为元（人民币）/吨、最小变动价为5元/吨。红枣期货合约最低交易保证金为合约价值的7%，每日价格波动限制为上一交易日结算价±5%及《郑州商品交易所期货交易风险控制管理办法》相关规定。

2. 试点内容

2019年4月29日，渤海期货和安华农险联合签订了首张红枣"保险＋期货"扶贫保单，参与试点项目主体为河北省石家庄市赞皇县西阳泽乡吕庄村的 200 户枣农。4 月 30 日，国内期货市场的最新品种——红枣期货正式登陆郑州商品交易所，这是 2019 年上市的首个商品期货新品种，也是国内首个干果期货品种。

该试点项目首批计划承保 205 吨大枣，覆盖红枣种植面积约 1025 多亩，保额近 170 万元。项目试点的保险标的是郑州商品交易所红枣期货合约 1912，首批 205 吨大枣以红枣期货 1912 合约开盘价的 95% 作为保险价格，在保险期间内，如红枣期货价格低于保险价格，安华农险将按照合同约定进行赔偿。值得注意的是，此次保费全部由渤海期货有限公司承担，彻底解决了参保农户的经济负担。

3. 试点意义

红枣"保险＋期货"的落地，不仅能够有效发挥保险和期货市场配置资源的作用，而且能够引导红枣生产者按照市场规律进行生产，并以保障红枣供给为目标，形成并调整红枣的价格形成机制。此外，该模式的推出，还能够化解生产者面临的市场风险，保障生产者的合理收益，提高其生产积极性，为服务实体经济和"三农"开辟了新的途径。

第六章　产业扶贫基金
助推中国脱贫攻坚

一、产业扶贫与产业扶贫基金

（一）产业扶贫

产业扶贫是指在贫困地区或贫困群体中培育可持续发展的产业、通过产业发展让贫困者获得可持续性发展机会的一种扶贫模式。

党的十八大以来，产业扶贫方式也越来越受到重视。2015年10月，习近平总书记在减贫与发展高层论坛上强调，要按照贫困地区和贫困人口的具体情况，实施"发展生产脱贫一批、易地扶贫搬迁脱贫一批、生态补偿脱贫一批、发展教育脱贫一批、社会保障兜底一批"的"五个一批"精准扶贫模式。其中，产业扶贫是处于第一位置的工程，涉及对象最广、涵盖面最大，是打赢脱贫攻坚战的重要保障，也是其他扶贫措施取得成效的重要基础。

2016年11月，国务院发布的《关于"十三五"脱贫攻坚规划的通知》指出，农林产业扶贫、电商扶贫、资产收益扶贫、科技扶贫是产业发展脱贫的重要内容，同时提出农林种养产业扶贫工程、农村一、二、三产业融合发展试点示范工程、贫困地区培训工程、旅游基础设施提升工程、乡村旅游产品建设工程、休闲农业和乡村旅游提升工程、森林旅游扶贫工程、乡村旅游后备箱工程、乡村旅游扶贫培训宣传工程、光伏扶贫工程、水库移民脱贫工程、农村小水电扶贫工程等"十三五"期间重点实施的产业扶贫工程。

（二）产业扶贫基金的两大类型

近些年，为响应党中央产业扶贫政策精神，从中央到地方的各级政府或企事业单位、民营企业等设立各种类型的产业扶贫基金，积极助推产业扶贫。目前，产业扶贫基金成为我国产业扶贫中最重要的支柱之一。

产业投资基金是一种对未上市企业进行股权投资和提供经营管理服务的、利益共享与风险共担的集合投资制度，即通过向多数投资者发行基金份额设立基金公司，由基金公司自任基金管理人或另行委托基金管理人管理基金资产，委托基金托管人托管基金资产，从事创业投资、企业重组投资和基础设施投资等实业投资的一种创新的金融制度。

通过基金形式进行产业扶贫可以实现聚少成多、整合各类社会资金来源的作用，把各渠道分散的对贫困地区的支持资金通过慈善基金会、财政补贴基金或有限合伙基金等形式集中起来，可以实现基金的规模化使用效益，提高扶贫效率。

中国各地成立的产业扶贫基金，可以分为两大类：政策补助型产业扶贫基金和市场导向型产业扶贫基金。

目前这两大类产业扶贫基金都有不小的规模，各地也都通过政府发文的形式对两类基金运作进行规范。

二、政策补助型产业扶贫基金分析

政策补助型基金的优势主要体现在其可以通过一系列具有一定程度强制性的政治机制和程序，开展不追求短期收益的扶贫项目，从而实现资源配置的公平性。政策补助型产业基金从省级到区县级都有，规模从几百亿元到几百万元。这类基金形式多样，有扶贫慈善基金会、有地方财政扶贫专项基金、有财政补贴基金、公益信托基金等。各地都有相关基金管理办法出台。

（一）省级政策补助型

以山东省特色产业扶贫基金为例。2016—2018 年脱贫攻坚期内，山东省财政拟每年筹集资金 10 亿元，其中从省财政专项扶贫资金中安排 5

亿元,从农业综合开发产业化资金和现代农业生产发展资金中统筹 5 亿元,设立特色产业发展扶贫基金。产业扶贫基金采取省级切块下达、县级运作实施的方式使用管理,省里根据农村贫困人口数量、人均财力水平、特色产业发展情况、绩效考核结果等因素将基金分配到县(县级市、区),不再收回,由县级结合当地实际,采取直接补助、周转使用、贷款贴息等方式分配使用。产业扶贫基金主要支持贫困地区、贫困村、贫困户发展种植、养殖、加工等特色产业,实施电商、光伏、乡村旅游等项目,以及符合本地实际的其他农业产业项目。

(二)区级政策补助型

以重庆铜梁区产业扶贫基金为例。2019 年重庆铜梁区财政安排产业扶贫专项资金 500 万元、产业扶贫基金 500 万元,去除 100 万元用于扶贫小额信贷贴息和建档立卡贫困户产业发展补助共计投入资金 900 万元,支持对象 18 个村集体经济组织,资金主要用于零散土地整治和基础设施建设、农机具购置和农业生产所需设备购置、农业产业发展的种苗、肥料购置和管护费用等,以达到支持新型农村集体经济发展、支持村党支部组织能力强有一定农业产业发展基础且集体经济发展较好的村、支持"大户 + 村集体 + 贫困户"发展模式的农业产业项目的作用。

(三)政策补助型产业扶贫基金的问题探讨

国内大量的政策补助型产业扶贫基金还是以各级地方政府财政出资下放为主要运作模式,根据近年来的实际运作情况,这类基金运作主要存在以下一些问题:

一是这类基金的投放方式主要以补助、奖励、贴息贷款等形式发放,基本都是一次性使用,未能发挥循环使用及杠杆资金效果。

二是这类扶贫基金源出多头,每个基金需要的项目类型和补助方式都不相同,项目申请表格也五花八门,由此会导致基层扶贫资金下放工作混乱且压力巨大;扶贫资金的整合涉及的单位多、项目多,环节多,既要实现资金的整合,发挥资金的聚力作用,又要兼顾项目的固有属性,故工作量大,难度大。一些项目资金实行跨年使用,有些项目从规划、立项、设计、申报到实施有时长达 2～3 年。

三是这类基金下放后，下放单位一般忽视了后期对于技术、管理、资金等方面的扶持，导致一些产业所投入的项目半途而废，效果欠佳，可持续性差。

四是这类扶贫基金往往从省、市、县区、乡镇、农户层层下放，而申请项目从下往上层层上报，整个资金下拨链条偏长，审批环节众多，扶贫部门难以对全过程有效监管，容易发生"跑冒滴漏"的现象。一些单位和企业打着"精准扶贫"的旗号，虚报财政专项资金和以扶贫的名义争取资金和扶贫贷款，打着扶贫的旗号去谋取企业私利。

五是一个贫困地区的产业扶贫资金有限，这些钱再平均分配到下面的多个村，每个村再把钱分散到各个农业生产环节中去，真正落实到每个农户的资金就少得可怜了。这是典型的"大锅饭"平均分配基金扶贫方式。根据基本经济学原理，在平均分配模式下，缺乏奖惩机制，难以激励优秀创业农民。

六是中国地域广阔，类似这种"撒胡椒面"式的产业扶贫，每家每户都要申请扶贫资金，许多地方基层干部工作精力与能力有限，无法有效监管产业扶贫资金申请者的真实信息，最终导致资金被分散使用，没有能形成合力助推一个地方特色农业产业的发展，基金助推产业的效果大大折扣。出现上述问题的主要原因在于中国贫困地区许多基层干部思想观念陈旧，科技和金融意识不强，缺乏必要的产业发展和金融专业知识，小富即安，不愿冒风险，对产业扶贫的具体有效手段和意义认识不足。

三、市场导向型产业扶贫基金的发展

随着政策补助型产业扶贫基金运作中暴露的问题越来越多时，新型的市场导向型产业扶贫基金在国内逐步兴起，并越来越成为产业扶贫基金的主流。

虽然市场导向型基金通过市场主体分散的竞争和创新行为，可有效提升资源配置效率，具有可持续性，但面对非排他性和非竞争性的公共服务时又容易产生"市场失灵"。因而，重视政府与市场各自的优势，在政府推动的前提下引入市场机制，共同促进生产要素综合作用的发挥，是促进贫困户稳定脱贫致富的创新模式。目前，我国已初步探索形成兼具市场化和政策性的市场导向型产业扶贫基金模式，该产业扶贫基金遵循市场经济规律，但只要求实现保本微利，不以利益最大化为目标，整个模式兼顾扶贫目标和市场原则。这一模式的代表是央企扶贫基金。

四、市场导向型产业扶贫基金的深层分析

（一）市场导向型产业扶贫基金的主要特点

1. 市场导向型产业扶贫基金的流程短、效率高

市场导向型产业扶贫基金的投资模式和政策补助型基金有本质区别。政策补助型基金一般采用"基层逐级向上申报，基金逐级向下发放"的运作模式，中间环节和链条长于市场化基金。而市场化基金一般由基金管理人直接对接拟投资企业，对企业开展投资尽职调查，通过投委会直接决定是否投资，没有中间多层环节，效率高且精准。

图 6-1 是一个典型的市场化基金投资企业的标准流程。

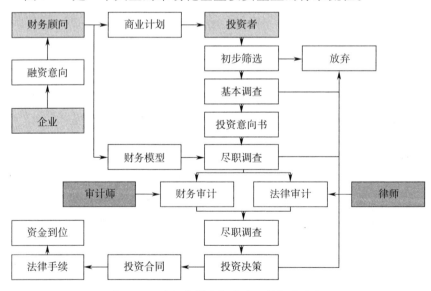

图 6-1　市场化基金投资企业的标准流程

2. 市场导向型产业扶贫基金的核心逻辑——"伞式扶贫"

（1）市场导向型产业扶贫基金的投资对象是贫困地区企业。政策补助型产业扶贫基金的投资方向非常分散，企业、村集体、联合社、农户……这种扶贫模式最大的缺点是不够聚焦，不能集中资金扶持优秀企业成长，并通过优秀企业发展壮大带动当地百姓致富以及推动产业升级；另外这类基金投下去后大部分都难以收回资金不能循环使用效率低下。而市场导向型产业扶贫基金的核心点在于投资对象非常明确——各贫困地区的优秀企业股权。而企业的发展壮大对于企业所在地的经济增长具有重要的推动作用，经济增长又可以创造出更多的就业机会，从而提升当地居民收入水平、摆脱贫困。因此稳定持续的经济增长是摘除贫困的充分必要条件，而这个条件的基础即在于当地企业的发展壮大。用股权投资企业的方式进行资本精准扶贫，就是用市场化内部调节机制加以政策的定向倾斜去推动贫困地区经济获得市场化发展能力，从而完成从"输血"到"造血"的过程。

市场导向型产业扶贫基金投资的企业有两大类：一是就地扶持当地特色企业，并为其定向招商引资引入配套企业，让其摆脱单打独斗的场面，企业群在一起形成产业，这种产业集群效应既能让大企业可以获得茁壮成长的土壤，也能让产业链上的小微企业散发勃勃生机。二是投资从外地因 IPO 绿色通道迁址到贫困县的优秀企业，有意助推这些公司在当地并购整合中小企业以提升产业竞争力。

（2）贫困地区企业因产业扶贫基金投资后产生了多种脱贫效果。产业扶贫基金投资后，贫困地区企业自身发展带来的脱贫方式有三种：第一，由于贫困户所在区域大多是交通不便、自然基础薄弱，贫困户在获取小额贷款等扶贫款后，个人经济体抗风险能力较差，容易导致因灾返贫，而企业在抗灾自救方面，强于个人经济体，从而避免因灾返贫的现象发生；第二，资本精准扶贫下的企业，收入税收会增加，从而间接增加当地居民收入和消费增加，刺激旅游业、餐饮业、交通运输业等第三产业的发展；第三，企业增加就业会扩大当地居民缴纳社保人数，这会让更多的人可以享受报销比例更高的医保政策，能够有效地阻断因病返贫。

（3）产业扶贫基金助推贫困地区产业升级，达到了"伞式扶贫"效果。如果把贫困地区产业集聚比作一把雨伞，伞柄就是当地的产业龙头企业，伞骨就是当地的各产业扶贫投资基金，伞布就是整个产业集聚经济。伞柄（龙头企业）必须要依靠多根伞骨（产业扶贫基金）才能支撑大片的伞布（产业集聚经济）。产业扶贫基金在提升贫困地区产业升级发展中起到关键性的"支撑"及"杠杆"作用，通过和龙头企业的合作带动当地产业集聚升级，吸引越来越多的产业链小微企业在这把"大伞"下躲风避雨健康成长，在大伞的庇护下当地百姓的收入和生活水平也会显著提高。

资本助力企业的发展不仅在于带领当地居民摆脱贫困，对于当地产业和经济发展更加具有关键性作用。第一，企业缴纳的税收可以通过地方政府再次投入到当地企业新设的扶贫投资基金中去，从而形成一个正循环，使当地产业扶贫基金可以持续运转下去；第二，产业企业群在产业资本的带动下，会引发群集效应，既能让当地优势产业龙头企业加速成长，也能吸引更多相关企业来落地生根发芽，从而像税收返补股权投资基金一样，形成一个正循环。当地政府可以此来打破产业有而不强，聚而不多、结构单一、链条短低的现象，从根本上改变现有的产业发展格局。

我们可以把这种通过市场导向型产业扶贫基金助推贫困地区产业升级发展的模式定义为"伞式扶贫"。伞式扶贫可以有效地防止企业所在地区再出现新增贫困或者返贫的现象，这样不仅会巩固脱贫成果，也会有利于提高脱贫成果质量。

3. 市场导向型产业扶贫基金基本上是私募股权投资

中国目前市场导向型产业扶贫投资基金基本都是在中国证券投资基金业协会监管下成立的有限合伙性质的私募股权投资基金。

2016 年 9 月，证监会发布《中国证监会关于发挥资本市场作用服务国家脱贫攻坚战略的意见》，明确指出"鼓励上市公司、证券公司等市场主体设立或参与市场化运作的贫困地区产业投资基金和扶贫公益基金"。协会在私募基金登记备案中对各类市场主体参股设立扶贫私募管理人、扶贫类私募基金提供"绿色通道"支持。截至2019年8月，在协会备案的扶贫方向私募产品73只、规模超过1571亿元，为贫困地区的经济发展注入源源不断的资本活水。同时，协会主动做好扶贫方向资产证券化（ABS）产品备案工作，推动金融扶贫创新。在ABS备案系统中专门嵌入扶贫模块，支持扶贫类ABS产品快速备案，加强对扶贫类ABS产品的合规监督。截至2018年12月，在协会备案扶贫ABS产品21只、规模104.91亿元，为贫困地区的基础建设和民生工程提供了有力的金融支持。

　　一个有限合伙股权投资基金的标准结构如图6-2所示。

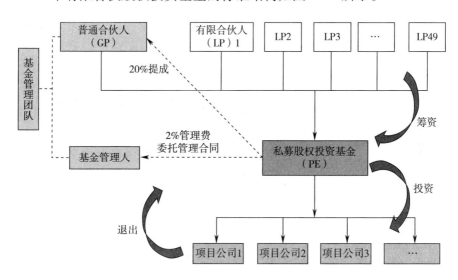

图6-2　有限合伙股权投资基金的标准结构

　　基金管理人（GP）一般是专业的私募股权投资基金管理公司，大多数情况下基金管理普通合伙人合二为一，管理人在基金中一般象征性出资1%左右，基金管理人担任GP时承担了无限风险和日常基金募投管退的工作，作为激励，每年可以按照基金实际规模收取2%管理费，项目退出时净收益的 20% 也要奖励给基金管理人。

PE 基金投资对象一般是非上市企业股权，投资期限一般为 3～7 年。PE 基金投资企业一般以参股为主，只有并购型基金强调控制权投资。PE 基金投资项目退出方式首选上市，其次是出售或被标的公司股东回购等。

目前国内产业扶贫基金管理公司的控股股东既有国有企业也有民营企业，大多数情况下是国企民企共同组建一个基金管理公司，充分发挥国企政府背景资源和民企市场化运作专业化管理团队的互补优势。

（二）市场导向型产业扶贫基金运作中存在的主要问题

市场导向型产业扶贫基金在这几年快速发展，取得了非常显著的成绩。但是在运作中也暴露出一些值得关注的问题。

1. 基金如何找到盈利性和公益性的平衡点

市场导向型产业扶贫基金和政策补助型产业扶贫基金最大的区别在于其在考虑到社会公益性的同时还具有明显的"逐利性"特征。市场型基金的出资人既有国资也有民资，这些资本不是来源于各级政府的财政拨款，其出资人都是企业，因此企业对外投资就不可能长期只做赔钱的生意。即便是国企出资投到市场导向型扶贫产业基金，也都有一个基本的能够覆盖出资资金利息成本的预期收益率。这就使市场型基金管理人在投资项目时对项目的基本收入、利润率等有一定的要求。而许多贫困地区地方政府依旧习惯性地把这类市场化基金的资金当作不用偿还或亏光无所谓的政策补助型基金，向市场化基金推荐一些明显不可能收回投资成本的，但是具有很大社会公益价值的扶贫项目，这就不可避免地会和市场型基金在投资标的选择时产生矛盾。

2. 被投企业如何找到盈利性和公益性的平衡点

当市场化基金投资到贫困地区优秀企业后，希望企业能在基金的助推下迅速做大提高收入和利润。但是这些企业是贫困地区最好的企业，从社会责任的角度，每年应该从利润中拿出一部分来用于带动当地脱贫致富。但是，企业应该拿出多少比例的利润来扶贫没有一个标准。企业拿少了，市场型扶贫基金通过投资企业来扶贫的目的就难以实现；企业拿多了可能会影响企业基本盈利目标的实现。

3. 地方政府和市场化基金磨合问题

许多贫困地区地方政府工作人员文化素质不高，缺乏对金融投资以及基金投资的基本知识，不了解这些基金运作的基本要素，在配合基金进行产业扶贫时经常会出现磨合方面的问题。比如政府没有把当地贫困户详细情况及时向基金投资企业阐述清楚，不能提供当地特色产业发展的真实状况，使得基金选择投资项目时缺乏精准度影响产业扶贫效果；比如一些贫困地区有很好的特色中草药或农产品种植资源，但地方政府不重视基本的交通道路建设和数字网络建设，导致基金投资企业生产的优质农产品不能及时获得市场信息以及及时运输出去。

4. 市场化基金的持续性运作问题

目前许多市场化产业扶贫基金的运作主体是来自北上广深经济发达地区的大型央企、国企或证券公司、保险公司、期货公司以及私募股权投资基金管理公司等。这些运作主体受到国家扶贫政策号召纷纷和各贫困地区合作组建产业扶贫投资基金，但许多基金的持续性运作问题逐渐暴露出来。比如一期扶贫基金设立后3年内把资金全部投完，如果基金投资项目表现不佳预期收益率达不到基金出资人的最低心理预期收益率时，二期基金就很难设立起来，等到5年或7年一期基金期满清算后，这只市场化扶贫基金也就走到终点；比如私募股权投资基金业务是个专业性非常强的工作，这些市场化基金往往从北上广深抽调金融、财务、法律或投资方面的人才到偏远落后地区进行扶贫投资工作，这些工作人员短期在贫困地区工作还能应付，但要他们长期扎根在贫困地区难度就非常大，因此许多市场化基金管理公司采用"轮岗"的形式选派业务骨干到贫困地区工作，但业务人员的频繁调动会使基金公司很难真正深入扎根到贫困地区开展工作，投资完企业后因为项目负责人的调动使得投后管理效果变差影响产业扶贫效果。

5. 市场化基金运作中的"黑洞"问题

市场化基金在运作中存在一些违法违规或缺乏职业道德的问题。比如一些基金管理公司和地方政府高层领导熟悉，设立扶贫基金时主要资金由地方政府平台公司出资，基金管理公司不负责对外募集一部分资金，按照基金规模2%收取大量管理费；比如基金设立后，基金管理人缺乏职业道德，和被投公司老板勾结偷偷收取巨额"返佣"；比如基金管理公司安排贫困地区当地领导亲戚到公司任职不干活领高薪以此获得地方政府的各种补贴支持等。

五、完善产业扶贫基金运作的建议

（一）建立政策补助型产业扶贫基金和市场导向型产业扶贫基金的协同运作机制

通过前面的分析可知，在目前中国贫困地区进行扶贫的两大类型产业扶贫基金都发挥了重大作用，各自有鲜明的优势和缺点，而两类基金的优缺点恰恰形成非常有效的协同互补作用。因此，建议贫困地区政府牵头，指定专门机构如扶贫办等统一协调两大类基金在本区域的产业扶贫工作，让资金既能投到重点企业，也可以广洒雨露式地分配给广大基层村集体或农户，避免资金多头管理、重复投资、贫富不均的局面。

（二）地方政府应该为市场导向型产业扶贫基金创造良好发展环境

针对市场型基金的工商注册、税收优惠、日常服务等开辟快捷通道，争取把基金管理公司和基金都能落户到贫困地区，这也是对贫困地区的一种"招商引资"。

地方政府要把传统的"土地招商""项目招商"思维转换为"资本招商"和"股权招商"，积极创造机会让本地优秀企业和国内各市场化股权投资基金进行对接。

地方政府应该为市场导向型扶贫产业基金系统收集和整理所在区域自然资源禀赋、产业发展情况、贫困状况等信息，便于基金管理公司选择投资对象。

当市场型基金投资到贫困地区企业后，所在区域政府应该高度重视这些被投资企业并积极采取各种扶助措施，力争打造"资本扶贫样板"，推动这些企业走向资本市场，由点到面带动整个贫困地区产业升级。

贫困地区政府应主动对基金的扶贫效益评估提供帮助，对企业提供的相关贫困职工名单、贫困户收入支付凭证等进行认定，便于对产业扶贫基金的税收贡献、资金撬动作用、扶贫带动进行评价，通过这种评估帮助市场型基金及时调整投资管理策略以及扩大社会影响。

（三）加强扶贫基金对帮扶对象的监督与绩效考核机制

针对政策补助型性产业扶贫资金的使用效率应注重扶贫资金的分配，并对每一笔扶贫资金严格审核。现阶段贫困户与政府所资助的资金数据差非常大，因此，政府在实施扶贫政策时，要让所有与扶贫工作相关的人员做好资金以及扶贫对象的整体记录。例如，资助贫困户的住址、名字、金额等，然后派遣调查小组对扶贫对象进行抽样核实，并记录资金的真实情况。对于政策补助型产业基金所补贴或资助的重点农业企业，要严格考核资金是否如实按计划用于购买农资、拓展销售等领域。对于扶贫基金的政府经办人应该建立起扶贫绩效考评与升迁挂钩的相关制度。

针对市场导向型产业扶贫基金在本地区的投资，地方政府不宜采用行政强制手段对该类基金的日常投资工作进行干涉，但是可以针对这些基金投资对象的筛选过程进行监督；对被投资企业是否把资金用于产业升级以及扶贫攻坚进行监督；对于基金以及被投资企业按照季度或半年度要求及时提供相关机构财务报表以便及时跟踪基金投资工作进展；对于发现的基金管理人存在的疑似违规违法行为坚决及时进行调查并纠正；对这类基金业绩考核结果将作为下期基金地方政府是否参与出资的重要参考依据。

（四）打造良好基础设施环境，吸引产业扶贫基金加大投资力度

贫困县的公交、道路、水利、数字网络等基础设施是否完善对产业扶贫基金的投资力度和投资地选择有重大影响。因此各贫困地区政府应该因地制宜，尽可能改善基础设施，打造较好的基金落户硬条件。这样可以增强市场导向型基金投资本地区企业进行产业扶贫的信心。

（五）"引资"与"引智"同步推进，提高贫困地区经济金融运作水平

来自经济发达地区的市场导向型产业扶贫基金聚集了大量精通经济、金融、产业与投资的人才，因此贫困地区政府应创造条件，组织这些精英人才为当地干部、群众、企业、农户等进行多层面多形式的培训，想办法提高当地各相关人员的经济和金融投资知识。扶贫资金不能"扶"一辈子，因此各贫困地区应珍惜来自发达区域的市场导向型扶贫基金落户的 5 年左右时间，争取在此期间内能学习到现代企业管理、私募股权、挂牌上市、收购兼并、产业升级、股权激励等基本知识，如此才能最大限度地发挥产业扶贫基金的综合效用。

表 6 - 1　　　　　　　　产业基金项目的情况（部分）

序号	证券公司	基金名称	设立机构	设立时间	设立方式	基金规模	基金投向
1	财富证券	深圳市惠和投资基金新三板基金	深圳市惠和投资基金管理有限公司	2016 年 1 月	自主设立	1.5 亿元	湖南金鑫新材料股份有限公司位于湖南省安化县高明乡工业园，经营范围为钨、钴金属废料的收购，钨、钴的生产、加工、销售，新材料技术研究与开发服务。2017 年 1 月，惠和投资通过惠和投资基金新三板基金对金鑫新材料进行投资。2018 年 12 月，惠和投资受让新三板基金持有的金鑫新材料股份，转为自有资金直接投资

续表

序号	证券公司	基金名称	设立机构	设立时间	设立方式	基金规模	基金投向
2	方正证券	和生高投麻城产业升级与发展基金（有限合伙）	1. 麻城市和生高投股权投资基金管理有限公司；2. 方正和生投资有限责任公司；3. 麻城市城市资产经营有限公司；4. 湖北省高新产业投资集团有限公司	2018 年 11 月	参与设立	2 亿元	基金定位于投资贫困地区高新技术产业、传统产业发展升级以及未来有发展潜力的企业，重点投资于贫困地区重点产业及上下游企业
3	方正证券	秭归和生高投创业投资基金合伙企业（有限合伙）	1. 秭归和高股权投资基金管理有限公司；2. 方正和生投资有限责任公司；3. 湖北同富创业投资管理有限公司；4. 秭归众创股权投资管理有限公司；5. 湖北省高新产业投资集团有限公司	2019 年 3 月	参与设立	2 亿元	基金定位于投资贫困地区高新技术产业、传统产业发展升级以及未来有发展潜力的企业，重点投资于贫困地区重点产业及上下游企业
4	方正证券	丹江口和生高投产业升级与发展股权投资基金（有限合伙）	1. 丹江口和生高投股权投资基金管理有限公司；2. 方正和生投资有限责任公司；3. 十堰市财务开发总公司；4. 丹江口市国有资产经营管理有限公司；5. 湖北省高新产业投资集团有限公司	2019 年 3 月	参与设立	2 亿元	基金定位于投资贫困地区高新技术产业、传统产业发展升级以及未来有发展潜力的企业，重点投资于贫困地区重点产业及上下游企业
5	广发证券	广发合信中建二号私募专项投资基金	广发合信产业投资管理有限公司	2016 年 12 月	自主设立	8.14 亿元	基金投向日照中建交通服务有限公司，资金用于日照市奎山综合客运站及配套工程 PPP 项目的建设及运营

序号	证券公司	基金名称	设立机构	设立时间	设立方式	基金规模	基金投向
6	国都证券	围场满族蒙古族自治县兴围发展基金（有限合伙）政府产业引导基金	围场满族蒙古族自治县金融服务中心、国都创业投资有限责任公司（基金管理人，国都证券私募投资基金子公司）	2018年5月	参与设立	0.51亿元	围场兴围发展基金作为母基金，下设清源发展、围农发展、广惠发展三只子基金，主要投资如下：清源发展基金重点投资于河北省围场满族蒙古族自治县清洁环保能源企业，以清洁环保及能源产业促进当地就业、拉动税收，践行产业扶贫；围农发展基金主要为当地农户掌握科学的农业技术提供支持，通过提供先进的配套设施和技术，支持当地农业发展；广惠发展基金主要用于支持惠民发展，以改善当地群众的生活环境、惠及当地产业发展。三只子基金重点用于解决围场满族蒙古族自治县生产生活领域存在的致贫难题，助力当地自主发展、脱贫致富
7	国海证券	广西全域旅游产业发展基金（合伙企业）	国海证券股份有限公司、广西投资引导基金有限责任公司、广西旅游发展集团有限公司、南京丰盛产业投资集团有限公司、上海景域旅游投资有限公司、广西全域旅游产业发展基金管理有限公司	2017年12月	参与设立	30.025亿元	合伙企业主要投资于广西重点旅游项目建设、旅游资源整合以及旅游相关产品培育。此外，合伙企业还投资于新增旅游项目，包括靖西大峡谷5A景区和旧州—鹅泉风情、大新安平旅游区开发建设项目、大新中越德天—版约国际旅游合作区项目、左江花山岩画景观项目、凭祥友谊关大连城景区的旅游项目等

续表

序号	证券公司	基金名称	设立机构	设立时间	设立方式	基金规模	基金投向
8	国海证券	湘西浦发武陵山扶贫投资发展企业（有限合伙）	国海证券股份有限公司、湘西武陵山财信投资开发有限公司、浦银（嘉兴）股权投资管理有限公司	2017年4月	参与设立	300亿元	合伙企业主要投资于湖南省湘西土家族苗族自治州保靖县、古丈县、花垣县及泸溪县的基础建设主体公司，资金用于参与上述地区基础设施建设
9	国盛证券	江西振兴发展（于都产业）基金	上海全钰股权投资有限公司	2016年	自主设立	5.5亿元	国盛证券—上海全钰股权投资有限公司通过募集并设立规模不超过11亿元（首期成立规模5.5亿元），存续期7年的江西振兴发展（于都产业）基金，依托政府有关的扶贫政策导向，将基金作为股权投资于都县当地服饰服装产业项目，支持贫困地区产业发展，帮助贫困群众稳定脱贫
10	国盛证券	江西振兴发展（城兴1号）私募基金	上海全钰股权投资有限公司	2017年	自主设立	5亿元	国盛证券—上海全钰股权投资有限公司通过募集并设立规模不超过10亿元（首期成立规模5亿元），存续期7年的江西振兴发展（城兴1号）私募基金，依托政府有关的扶贫政策导向，将基金作为股权投资遂川县的基础设施建设，支持贫困地区产业发展，帮助贫困群众稳定脱贫

序号	证券公司	基金名称	设立机构	设立时间	设立方式	基金规模	基金投向
11	华福证券	兰考县华福产业投资基金合伙企业（有限合伙）	兴银成长资本管理有限公司	2018年4月	自主设立	1亿元	通过股权投资，帮助和扶持落地在河南省兰考县的相关优质企业和有发展潜力的公司
12	华龙证券	甘肃生物医药产业创业投资基金有限公司	金城资本管理有限公司	2012年	自主设立	2.5亿元	投资甘肃省内中医药、中药研发与生产领域；中药材育苗及规范化、中药材高技术产业链研究及产业化领域；中（藏）药材储藏技术与现代物流领域；马铃薯制种、育种、马铃薯变性淀粉等深加工领域；马铃薯生物质基材创新领域；以生物育种和绿色农用生物技术产品为主的生物农业领域及以高新技术改造提升传统产业领域
13	华龙证券	甘肃现代农业产业创业投资基金有限公司	金城资本管理有限公司	2012年	自主设立	3亿元	甘肃现代农业基金主要投资于现代农业领域的农作物育种、扩繁，牛羊养殖、屠宰、加工，马鹿养殖、鹿茸产品的研发、生产加工，马铃薯全粉生产，有机肥研发、生产、销售等创新型企业

续表

序号	证券公司	基金名称	设立机构	设立时间	设立方式	基金规模	基金投向
14	华龙证券	甘肃省养老服务产业发展基金（有限合伙）	金城资本管理有限公司	2015年	自主设立	10.8亿元	基金的投资领域主要为养老服务产业，投资对象为医养融合型养老服务、养老金融服务、养老用品、养老文化教育与休闲娱乐行业的项目或重点企业，重点支持建设适合大众需要的集中养老服务体系，培育有竞争力的品牌养老服务企业和有活力的中小养老服务企业，推动养老服务与家政、医疗等生活性服务产业融合发展
15	华龙证券	甘肃省旅游产业投资基金（有限合伙）	金城资本管理有限公司	2016年	自主设立	6亿元	按照"张掖试点、河西联动、全省推广"的总体思路，重点投向省内大景区及重点景区项目建设。目前除投资敦煌市一家企业外，其他投资项目均在张掖地区
16	华龙证券	兰州科技创新创业风险投资基金（有限合伙）	金城资本管理有限公司	2016年	自主设立	4亿元	投资于科技创新类中小微企业，涵盖新材料、新能源、生物医药、信息技术、节能环保、现代服务业等行业，促进科技创新企业发展，推动大众创业、万众创新

序号	证券公司	基金名称	设立机构	设立时间	设立方式	基金规模	基金投向
17	华龙证券	兰州科技产业发展投资基金（有限合伙）	金城资本管理有限公司	2016 年	自主设立	16 亿元	主要投资于节能环保、电子信息、文化旅游、生物医药、新能源、新材料、先进装备制造、现代服务业、信息技术、研发技术、检验检测、新型疫苗、诊断试剂、现代中藏药、科技成果转化服务等高新技术产业、战略性新兴产业及传统产业改造升级的成长期企业及上述领域企业的控制权收购、整合并购
18	华龙证券	甘肃省中小企业发展基金（有限合伙）	金城资本管理有限公司	2017 年	自主设立	15 亿元	主要投资于经省级主管部门认定的"专、精、特、新"中小企业、"科技小巨人"企业，结构调整、产业升级、专业化发展、与大企业协作配套等中小企业；具有良好发展前景的种子期、初创期、早中期创业投资企业和小微企业创业创新示范基地；符合《中国制造 2025 甘肃行动纲要》确定的发展重点及突破方向的中小企业；利用互联网为企业提供创新与成果推广应用、

续表

序号	证券公司	基金名称	设立机构	设立时间	设立方式	基金规模	基金投向
18	华龙证券	甘肃省中小企业发展基金（有限合伙）	金城资本管理有限公司	2017 年	自主设立	15 亿元	完善拓展产业链科技支持、众创金融平台、创新资源共享与合作等服务的中小企业，以及利用互联网信息技术实现传统产业转型升级和提质增效、创新生产经营模式的中小企业；现代服务业中的中小企业；与社会资本发起设立中小企业发展子基金或通过增资方式参股现有支持中小企业发展的基金等
19	南京证券	南京证券宁夏闽宁镇村级互助担保基金	宁夏回族自治区政府	2015 年 6 月	参与设立	300 万元	委托宁夏永宁县政府进行管理，对闽宁镇困难群众创业和小微企业发展提供资金互助担保
20	南京证券	南京证券扶贫产业基金	宁夏同心县政府	2017 年 1 月	参与设立	240 万元	专项用于资助公司"一司一县"结对帮扶县宁夏同心县，按照县扶贫产业基金管理办法运作，定向用于建档立卡贫困户贷款贴息、扶贫产业贷款等，增强帮扶的"造血"功能
21	南京证券	南京证券产业发展基金	宁夏固原市原州区政府	2018 年 10 月	参与设立	100 万元	专项用于深度贫困地区宁夏固原市原州区村镇集体经济产业发展支持

续表

序号	证券公司	基金名称	设立机构	设立时间	设立方式	基金规模	基金投向
22	南京证券	南京证券产业发展基金	宁夏同心县政府	2018年10月	参与设立	250万元	专项用于公司"一司一县"结对帮扶县宁夏同心县建设"就业扶贫车间",引进企业落地投资发展产业,增加当地困难群众就业,为村镇集体经济带来稳定持续收入
23	南京证券	南京证券产品发展基金	宁夏同心县政府	2018年12月	参与设立	245万元	捐赠245万元为"一司一县"结对帮扶县宁夏同心县李堡村建设现代化高效蔬菜大棚
24	山西证券	汾西启富扶贫引导基金合伙企业（有限合伙）	山证投资有限责任公司	2018年1月	自主设立	0.12亿元	资金投向肉鸡加工生产线建设,形成全产业链运营的局面
25	申万宏源证券	申万宏源甘肃会宁产业发展扶贫专项计划	中共申万宏源集团股份有限公司和申万宏源证券有限公司委员会,中共会宁县委员会	2018年9月	自主设立	已投入首期3000万元	投入3000万元补交党费,与甘肃省会宁县配套资金一起投入会宁县284个行政村,用于支持会宁县各村级集体经济及重点产业和龙头企业发展,帮助会宁县在2020年实现各村集体收入不低于2万元的硬性指标

续表

序号	证券公司	基金名称	设立机构	设立时间	设立方式	基金规模	基金投向
26	招商证券	南阳市牧原招商产业发展有限公司	安徽交控招商基金管理有限公司（招商致远资本下属管理公司）	2018年12月	自主设立	17亿元	以股权投资形式完成对河南省南阳市上市公司牧原股份全资子公司——山东曹县牧原农牧有限公司、杞县牧原农牧有限公司、东营市垦利牧原农牧有限公司、内蒙古奈曼牧原农牧有限公司增资，其中对曹县牧原增资4.5亿元，对杞县牧原增资5亿元，对垦利牧原增资2亿元，对奈曼牧原增资5.5亿元。上述4家被增资企业皆为牧原股份已投产运营的生猪养殖子公司
27	中原证券	河南盛通聚源创业投资基金（有限合伙）	中鼎开源创业投资管理有限公司	2017年11月	自主设立	4.235亿元	专项投资于国家级贫困县河南省范县重点产业帮扶项目——濮阳盛通聚源新材料有限公司聚碳酸酯建设项目盛源PC新材料项目建设
28	中原证券	上蔡中鼎产业发展投资基金（有限合伙）	中鼎开源创业投资管理有限公司	2018年5月	自主设立	5亿元	主要投资但不限于河南省上蔡县现代农业、高端制造、电子信息、现代物流等优势产业项目

续表

序号	证券公司	基金名称	设立机构	设立时间	设立方式	基金规模	基金投向
29	中原证券	民权县创新产业投资基金（有限合伙）	河南中证开元创业投资基金管理有限公司	2016年9月	参与设立	1亿元	主要投资于河南省民权县先进制造业、科技创新、文化产业及民权县人民政府支持的新兴战略产业，在民权县区域内的总投资比例不低于80%

表6-2   产业扶贫基金类型

基金类型	政策补助型产业扶贫基金	市场导向型产业扶贫基金
基金形式	政府专项基金、财政补贴基金、慈善基金会	有限合伙型私募股权投资基金
出资人	各级财政资金和捐赠基金	国企平台公司、金融机构、民营企业、个人等
基金管理人	地方财政局（委托地方国企或金融机构）、基金会	在中国证券投资基金业协会备案的私募股权基金管理公司
资金到位链条	较长	较短
市场化程度	较低	较高
投资方式	财政划拨为主、贷款	入股企业为主
项目来源	层层政府推荐汇报	基金公司自主挖掘
项目特点	较小、分散、农户或集体组织	较大、集中、地方农业产业化龙头企业
项目回报要求	不追求项目盈利性	兼顾项目盈利性和政策扶贫性
投资退出压力	退出压力很小	退出压力较大
运作效率	较低	较高

案例二十七　区级政策补助型

——以河南济源示范区产业扶贫基金为例

1. 河南省济源示范区产业扶贫基金的基本情况

河南省济源示范区产业扶贫基金于2018年6月设立，目前基金总额为9420.8万元。一是财政注入，区财政累计向产业扶贫基金注入资金6268万元。二是企业捐助，截至目前，共收到企业捐助3118.8万元，其中济源钢铁3000万元、中原银行100万元。三是消费扶贫公益捐赠，从2019年6月起，在全国首次推行精准扶贫LOGO授权使用，授权使用企业根据销售业绩自愿向产业扶贫基金进行爱心捐赠，不断为产业扶贫基金注入源头活水。截至目前，已收到先期捐赠34万元。同时，将产业扶贫基金向镇级延伸，五个街道分别出资100万元以上为五个脱贫攻坚任务较重的山区镇设立镇级产业扶贫基金，重点扶持贫困人口参与度较高的特色产业和项目。

产业扶贫基金主要用于"联镇带村"产业扶贫项目、发展贫困村集体经济项目以及创新"2233"模式，持续增加村集体经济收入。截至目前，已向"联镇带村"项目注入资金5452万元，2019年上半年，"联镇带村"项目已累计增加村级集体经营性收入270余万元；向大峪镇偏看村、克井镇古泉村等21个贫困村注资1470万元（每个村70万元），保障每村每年村集体经营性收入不低于5万元。

2. 河南省济源示范区产业扶贫基金的效果

一是扶持壮大了龙头企业。阳光兔业已发展成为集肉兔良种繁育、商品兔产销、饲料生产、食品加工、兔文化餐饮等于一体的肉兔全产业链企业，2018年实现产值10.6亿元；瑞星农牧已发展成为种猪繁育、商品猪生产、食品加工、饲料生产等于一体的现代农牧企业，2018年产值达到1.314亿元；丰之源已发展成为一家专业从事核桃露、功能饮料研发、生产、销售的现代化民营企业，省级薄皮核桃产业化集群，2018年产值达到3.5亿元。

二是促进了扶贫产业发展。在产业扶贫基金的扶持下，通过采取

"公司+基地+农户""合作社+基地+农户""龙头企业联镇带村""旅游+农业"等扶贫模式，"一村一品""一户一策"，极大地促进了蔬菜制种、畜牧养殖、乡村旅游等特色产业发展。截至目前，共培育蔬菜制种、烟草、林果、旅游、养殖、特色种植等产业扶贫基地50个，旅游产业扶贫带4个，产业项目12个。

三是壮大了村集体经济。产业扶贫基金的设立为贫困村集体经济发展注入了新活力，2017年59个贫困村中有41个集体经营性收入空壳村，仅有5个村集体经济经营性收入在5万元以上；2018年59个贫困村集体经营性收入全部达到5万元以上，其中25个村达到10万元以上，最高达到75.7万元。

四是强化了合作社带贫。注重建立"龙头企业+合作社+贫困户"利益联结机制，打通合作社带贫的"最后一米"。瑞星农牧与济源丰裕、润博、银秋等三家农业合作社签订玉米购销协议，带动贫困户53户；丰之源与悯农、小横岭等农业合作社签订核桃收购合同，带动贫困户27户。在龙头企业带动下，截至2019年10月底，全区18家带贫示范合作社，累计带动贫困户358户次。

五是巩固了脱贫成果，有效防止了返贫。产业扶贫基金的设立，为产业扶贫、合作社带贫建立了长效发展机制，从根本上化解了2020年脱贫攻坚特殊政策退出后可能出现的"断崖"效应，从而有效防范了贫困户返贫风险，为高质量打好打赢脱贫攻坚战提供了强有力的保障，为乡村振兴奠定了坚实的基础。截至2018年底，济源59个建档立卡贫困村已全部脱贫退出，贫困人口还剩下243户583人，贫困发生率降为0.13%；预计2019年底，贫困人口将全部实现脱贫。

案例二十八　市级政策补助型

——以湖北仙桃市产业财政扶贫资金为例

1. 湖北仙桃市2018年度特色产业财政扶贫资金的基本情况

为进一步推动产业精准扶贫政策落地落实，充分发挥产业扶贫政策的扶持效益，真正让贫困户通过发展产业增收脱贫，仙桃市印发《仙桃市扶持贫困户发展特色产业财政扶贫资金补贴方案》《仙桃市扶持新型农业经营主体参与产业扶贫的实施方案》的通知（仙扶组发〔2017〕15号），实施 2018 年度特色产业财政扶贫资金项目。仙桃市特色产业财政扶贫资金由市级财政承担。

2018 年仙桃市特色产业财政扶贫资金的发放对象是全市发展种植业、养殖业、林业、服务业 4 类 12 项特色产业的 1.26 万户建档立卡贫困户，通过"一卡通"发放特色产业财政扶贫资金共 1005 万元，补贴特色种植业面积为 5.981 万亩，补贴特色养殖业（水产）的规模达到 1.14 万吨。

2. 特色产业财政扶贫资金的实际效果

对项目投入进行分析，特色产业财政扶贫资金主要是按仙桃市扶贫攻坚领导小组办公室《关于落实 2018 年度建档立卡贫困户产业扶贫奖补政策的通知》的要求申报的，2018 年特色产业财政扶贫资金项目资金预算为 1005.6094 万元，实际项目执行金额为 1005.6094 万元，资金执行率为 100%。

对项目过程进行分析，主要集中在业务管理和财务管理两个方面。业务管理方面，建立健全了相关的管理制度，项目的实施遵循了相关法律法规和业务管理规定。财务管理方面，仙桃市人民政府扶贫开发办公室先后制定并下发了《仙桃市财政专项扶贫项目管理办法》等相应的项目资金管理办法；项目资金的拨付有完整的审批程序和手续，有比较完整的签字审批，项目的支出符合规定的用途，不存在截留、挤占、挪用、虚列支出等情况。

对项目产出进行分析，主要集中在发展特色种植业规模、发展特色养殖业规模（畜牧、水产）和产业扶贫奖补档案合格度三个方面。发展特色种植业规模方面，2018 年度补贴富硒水稻、黄豆和露地（大棚）蔬果的种植规模达到 5.981 万亩；发展特色养殖业规模（畜牧、水产），2018 年度补贴特色养殖业规模达到 1.14 万吨；产业扶贫奖补档案也合格。

对项目效果进行分析，集中在经济效益、可持续影响和满意度三个方面。经济效益方面，2018年度特色产业带动贫困户增加收入达到0.434万元/户；2018年度特色产业财政扶贫资金奖补的建档立卡贫困户为12600人。运行保障程度满足可持续的要求。同时，根据对受益贫困人口的问卷调查结果统计分析得出满意度98.82%，受益贫困人口满意度高。

案例二十九　央企扶贫基金发展迅猛

1. 央企扶贫基金的基本情况

2016年10月17日，根据中共中央、国务院《关于打赢脱贫攻坚战的决定》及其分工落实方案，由国务院国资委牵头、财政部参与发起，相关中央企业共同出资设立了央企扶贫基金。经过前两期募资，基金股东达到103家，基金规模153.86亿元，股东覆盖了国资委监管的所有中央企业和部分财政部履行出资人职责的中央企业；第三期募资，国务院国资委监管的39家中央企业参与共同出资160.19亿元，基金总规模达314.05亿元。

2. 央企扶贫基金带动贫困地区发展的效果

央企扶贫基金自成立以来，通过直接投资、设立子基金等方式，投资了一批扶贫效果较好的地方龙头企业、央企合作项目和收益较好的证券化项目，打造了现代农业、资源开发、清洁能源、医疗健康、产销对接、产业金融、资本运作七大产业扶贫平台，逐步探索出一套可复制、可推广的产业基金扶贫管理模式。

截至目前，央企扶贫基金已完成一期、二期全部募集资金的投资，投资项目涉及全国26个省（区、市）、104个市（地、州、盟）、203个县（市、区、旗），覆盖了全部14个集中连片特困地区。在14个集中连片特困地区共投资项目61个，金额115.45亿元。央企扶贫基金已投项目完全投产后，将直接或间接带动32万人就业，年均为就业人口提供收入 27 亿元，为地方政府提供税收 20 亿元。此外，央企扶贫基金通过直接投资、在重点省设立子基金、发起扶贫基金联盟等方式，引领撬动社会资本超 1500 亿元，有力带动贫困地区特色产业和经济社会发展，在助力贫困地区打赢脱贫攻坚战中发挥了示范带头作用。

案例三十　省级市场导向型

——以贵州省产业扶贫基金为例

1. 贵州省产业扶贫基金的基本情况

贵州绿色产业扶贫投资基金，是由省财政厅委托贵州金融控股集团投资有限责任公司（贵州贵民投资集团有限责任公司）已设立的贵州脱贫攻坚投资基金有限责任公司（以下简称"省级受托企业"）与各市（州）政府指定的国有公司［以下简称"市（州）受托企业"，原则上指定后不予变更］共同发起设立的有限合伙制基金。省级受托企业履行省级财政出资人职责，市（州）受托企业履行市（州）本级、所属县级财政出资人职责，县级财政委托所在市（州）受托企业出资。贵州省贵鑫瑞和创业投资管理有限责任公司（以下简称"贵鑫瑞和公司"）作为有限合伙基金的普通合伙人承担执行合伙事务职责。

贵州绿色产业扶贫投资基金遵循"政府主导、企业主体、市场运作、风险可控、服务脱贫"的原则，按照"强龙头、创品牌、带农户"的思路组织实施。政府通过财政出资、明确投资方向、界定投资对象等方式发挥主导作用。

2. 贵州省产业扶贫基金的首期资金管理和投资方法

贵州绿色产业扶贫投资基金首期规模（以下简称"首期投资基金"）初设 138 亿元，全部为财政性资金出资，省和市县出资比例为：13 个财政困难县 6∶4；贵阳市及所属县（市、区）、贵安新区 2∶8；其余市县 4∶6。后续基金规模及出资比例根据投资对象及其属性另行规定。

首期投资基金的存续期限为 5＋N 年，存续期限内可滚动投资使用，具体存续期限及滚动投资方式由出资人协商确定。首期投资基金需延长存续期限的，报请贵州绿色产业扶贫投资基金管理领导小组（以下简称"省基金领导小组"）审定。

首期投资基金采取募投制，项目成熟一个投放一个。为提高资金使用效率，避免资金闲置，投资项目获批后由贵鑫瑞和公司发起募集，其对应的各市（州）财政性资金募集资金到位后，省级财政资金同步到位。

首期投资基金主要采取股权方式投资，投资约定的年化收益率原则上不超过4.5%，债权投资资金比例原则上不超过基金投资总额的20%。首期投资基金通过投资引导社会资本投入，原则上基金投资与金融机构贷款或其他社会资本投入比例为15:85。首期投资基金采取投资收益让利、奖补等方式引导银行信贷资金投入，建立基金投资与银行信贷发放联动机制。联动发放的银行贷款年利率原则上不得超过4.5%，对联动投入项目的银行贷款，贷款不良率超过5%的，超过部分由基金投资收益给予不超过5%的风险补偿，政府不承担代偿责任。投资单个项目产生收益的，基金投资收益让利10%给金融机构。如金融机构贷款不良率控制在3%以内的，投资收益让利可提高到15%。申请银行贷款缺乏增信措施、符合担保条件的项目由省担保公司或省农担公司按照相关政策规定进行担保增信，同时不再享受风险补偿政策。

3. 贵州省产业扶贫基金的首期资金投资方向

首期投资基金的投资方向为能够带动农户增收、符合绿色产业标准的一、二、三产业，投资项目在满足产业发展"八要素"要求的基础上，重点投向短中期相结合、产业链条长、带动农户增收快和可持续发展的茶叶、中药材、食用菌、优质草、农旅一体化、大健康、生态水产、干果等产业。优先投资贵州脱贫攻坚投资基金扶贫产业子基金已审分期投资和已审未投已开工项目。

首期投资基金的投资对象主要为贵州省境内注册和纳税的，能够带动绿色产业发展和农民增收、就业、脱贫的企业，受资企业应建立与建档立卡贫困户利益联结机制，采取"企业＋合作社＋农户"、安排建档立卡贫困户在该企业就业、与贫困户或合作社进行股权合作等方式带动贫困户脱贫。

4. 贵州绿色扶贫产业基金的扶贫效果

贵州绿色扶贫产业基金是国内比较有代表性的省级产业扶贫基金，明确规定了采用有限合伙基金形式，委托贵州金控集团旗下专业私募股权投资基金管理公司来管理。省级母基金再和各地市成立子基金，每个子基金在投资时又通过投贷联动方式撬动当地银行提供配套信贷资金，这样省级产业扶贫基金可以实现资金杠杆效应，有力地推动了贵州省产业扶贫。

截至 2019 年 8 月，该基金已投资基金项目 476 个，投资基金 278 亿元，扶持企业 613 家，其中，国有企业 161 家、民营企业 236 家，培育本土企业 110 家，引进大型龙头企业 30 家。依托投资基金，贵州新增蔬菜种植面积 60.52 万亩，茶叶 28.15 万亩，食用菌 2.22 亿棒，中药材 9.13 万亩，生态家禽 0.57 亿羽，共带动 30.47 万户、88.85 万人持续增收。其中，带动建档立卡贫困户 9.52 万户、28.35 万人脱贫。

案例三十一　中信建投基金在云南文山投资苗乡三七

1. 中信建投基金投资苗乡三七的情况

1946 年，"苗乡三七"品牌起源于云南文山，成长于文山州这个深度贫困地区。2001 年，公司形成集三七科研、种植、加工、原料及终端产品开发、国内外销售、服务为一体的高品质三七全产业链，现有员工 1000 余人。截至 2018 年，苗乡三七自建三七种植连锁农场 63 个，共计 14000 余亩，种植规模及标准化业内领先；2017 年，苗乡三七获得国务院颁发"国家科学技术进步二等奖"，是迄今为止文山三七历史上科研领域最高奖项；2018 年，被科技部认定为"2018 年度国家知识产权优势企业"。苗乡三七自 2001 年起相继获得日本、欧盟、美国、中国四大有机认证，持续出口17年，为制药企业、连锁药房、医院、中医馆、消费者等提供有机三七、无公害三七产品。

2017年5月，中信建投证券子公司中信建投资本旗下的基金完成了对文山苗乡三七股份有限公司5500万元的投资（占总股本的6.72%）。同时，中信建投资本管理公司帮助该公司融资3500万元，积极协助企业完善公司治理、帮助企业开拓市场，有效对接中信银行等其他金融机构进行融资。

2. 对当地经济发展的带动作用

2017年，中信建投投资入股苗乡三七，助力企业高速发展，有效拉动了文山的劳动就业和农民创收，同时苗乡三七积极开展公益事业和精准扶贫工作，为当地经济发展作出较大贡献。

提升当地就业，促进农民增收。一方面，三七产业从种植到加工都是劳动密集型产业，公司在种植基地及加工厂的发展，可以解决大量的社会就业问题，截至2017年12月，公司提供固定就业岗位解决1033人就业，并保障五险一金及其他福利，近三年固定岗位平均增长率达54.09%。同时，三七集中的用工节令正好处于农闲时间，临工费用的支出是三七种植过程中的一项大额支出，2015—2017年公司三年累计共支付临工费用1.2亿元，带动劳动就业291.88万人次。另一方面，截至2017年12月，公司三七种植基地在地面积达13000亩的规模，每年建设新种植基地向农民租赁流转土地，土地租金是率先反哺当地农民的一项重要支出，2015—2017年公司累计租赁流转土地面积24896.37亩，共计支付地租5548.28万元，实现户均增收2.36万元。

开展多方面的公益活动，开展教育扶贫。一方面，苗乡三七积极参与社会文化、抗震救灾、抗旱救灾、国防教育、农村基础设施建设、关爱老年人、社会科普等多方面社会公益事业，累计捐赠167.6余万元，几乎涉及社会活动的方方面面，体现了地方龙头企业的社会责任和义务。另一方面，苗乡三七大部分员工来自农村，公司成立《苗乡三七人才基金》，长期对农村贫困地区开展教育扶贫和人才培养，自 2011 年以来累计捐款金额 78.54 万元，资助学生 3116 名。

主动参与精准扶贫工作，帮助建档立卡贫困户脱贫。精准扶贫作为各级党委政府的核心工作之一，苗乡三七作为产业化龙头企业，责无旁贷地积极参与其中。公司主动参与到政府多部门开展的精准扶贫工作中，对建档立卡贫困户给予支持和帮助，形成合力共同推进精准扶贫工作。2016—2018 年，公司累计发放劳资 342.99 万元，共帮扶建档立卡贫困户 244 户，经政府相关部门认定，其中 77 户已经脱贫。

因此，中信建投旗下基金帮助三七产业的龙头企业苗乡三七撑起了一把巨大的三七产业"大伞"，当地百姓的就业、收入、福利、教育水平等都获得显著改善。

案例三十二　盛世投资在内蒙古通辽设立绿色扶贫产业基金

1. 盛世投资绿色扶贫产业基金的情况

国内著名的母基金管理公司盛世投资和内蒙古通辽市国资公司合资组建了一个基金管理公司"通辽盛世国资管理有限公司"，以此管理公司发起设立了多只绿色扶贫产业投资基金。其股权模式如图 1 所示。

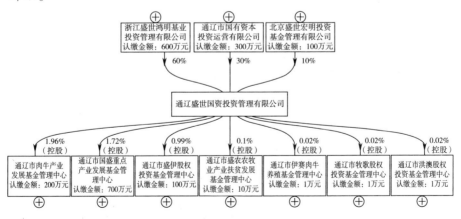

图1　通辽盛世国资管理有限公司股权模式

2. 产业基金对脱贫攻坚的重要作用

盛世投资通过母基金形式，发挥政府投资基金撬动和杠杆放大作用，集中资金和资源优势，重点布局通辽农牧行业，投向产业链条的基础、薄弱环节，扶持推广"龙头企业＋新型农牧业合作组织＋基础农户"模式。推动通辽市肉牛上下游产业链有序发展、绿色发展和可持续发展，以产业带动农户增收，成为精准扶贫新样本。

比如，肉牛基金和重点产业基金分别通过项目直投基金投资了内蒙古伊赛肉牛养殖有限公司（以下简称"伊赛肉牛养殖"）和内蒙古伊赛饲料有限公司（以下简称"伊赛饲料"），均位于自治区级贫困县开鲁县（已于 2019 年成功脱贫摘帽），有效助力脱贫，并为脱贫不返贫打牢产业基础。

案例三十三　方正证券在湖北麻城设立扶贫基金

1. 方正证券扶贫基金的基本情况

方正证券首创了县域产业发展扶贫基金，目前基金规模 2 亿元，已于 2018 年 12 月在湖北麻城落地。该基金按照市场化原则管理以保证持续性，通过方正证券、湖北省、黄冈市和麻城四方联动，共同出资，为麻城实现产业升级提供资本支持，为脱贫攻坚提供产业基础。图 2 是方

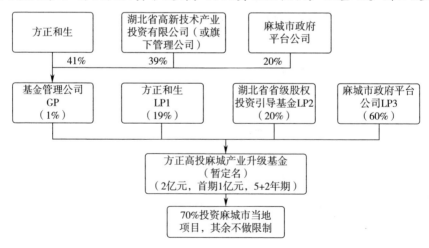

图 2　湖北麻城产业扶贫基金出资方式示意

正证券在湖北设立的市场化产业扶贫基金结构，从中可以看到，在基金管理人GP层面和基金出资人LP层面都实现了混合所有制。

湖北麻城产业扶贫基金的普通合伙人是由方正证券旗下专业私募基金管理平台——方正和生（出资比例41%）牵头，湖北省高新技术产业投资有限公司出资39%，麻城市政府平台公司出资20%。有限合伙人部分方正和生出资19%，湖北省股权投资引导基金出资20%，麻城市政府平台公司出资60%。其共同形成的方正高投麻城产业升级基金计划规模有2亿元，70%的基金会投资麻城市的当地项目。

2. 产业扶贫效用显著

近年来，麻城市以贫困群众持续增收为主线，按照"因地制宜、突出特色、典型带动、整村推进"的总体思路，夯实产业扶贫根基，培育优势特色产业，不断探索脱贫增收新机制，把"输血"逐步转化为"造血"，产业扶贫成效初显。2018年，麻城完成40个贫困村出列，35887人的脱贫，93个重点贫困村73942个已脱贫人口巩固提高任务。产业扶贫基金主要投资标的就是当地的特色产业，目前来看扶贫成效较为显著。

参考文献

［1］汪小亚，唐诗．资本市场服务脱贫攻坚的路径、问题及建议．获中证金融研究院颁发的"2020 年资本市场服务脱贫攻坚与推进乡村振兴"征文活动一等奖。

［2］汪小亚，星焱，俞铁成，唐诗．多层次股权市场服务脱贫攻坚——以陕西盘龙药业上市为例［J］．清华金融评论，2020（7）．

［3］何婧，汪小亚，褚子晔．债券市场助力脱贫攻坚：机制、成效及建议——以泸州市易地扶贫搬迁项目债券收益债券为例［J］．清华金融评论，2020（8）．

［4］谭智心，唐诗，汪小亚．农产品"保险＋期货"扶贫试点：效果与反思——基于广西罗城县白糖的案例分析［J］．清华金融评论，2020（10）．

［5］汪小亚，星焱，俞铁成，等．多层次股权市场服务脱贫攻坚——观陕西盘龙药业上市案例后有感［J］．"三农"决策要参，2020（18）．

［6］汪小亚．农村金融改革——重点领域和基本途径［M］．北京：中国金融出版社，2014.

［7］汪小亚，穆争社．创新我国农村金融监管方式［J］．"三农"决策要参，2013（55）．

［8］汪小亚．我国农村金融改革十年述评［J］．"三农"决策要参，2013（47）．

［9］汪小亚．当前农村金融制度创新的重点［J］．"三农"决策要参，2013（13）．

［10］汪小亚．加快农村金融改革　改善农村金融服务［J］．中国金融，2010（5）：23－25．

［11］汪小亚．农村金融体制改革研究［M］．北京：中国金融出版社，2009．

［12］汪小亚．寻求低成本的农村金融服务［J］．甘肃金融，2009（12）：4－7．

［13］星焱．改革开放40年中国金融扶贫工具的演变［J］．四川师范大学学报，2018（12）．

［14］星焱．普惠金融：一个基本理论框架［J］．国际金融研究，2016（9）．

［15］星焱．资本市场发展普惠金融的重点领域和主要途径［J］．银行家，2017（7）．

［16］星焱．责任投资的理论构架、国际动向与中国对策［J］．经济学家，2017，9（9）：44－54．

［17］雷雨辰．基于多案例比较的企业扶贫社会责任影响因素研究［D］．郑州：郑州航空工业管理学院，2019．

［18］谭智心，黄迈．农民专业合作社开展信用合作的有效路径［J］．中国农村金融，2020（13）．

［19］黄迈，谭智心，汪小亚．当前中国农民合作社开展信用合作的典型模式、问题与建议［J］．西部论坛，2019（3）：70－79．

［20］易贤涛，谭智心．扶贫资金互助社的发展之路——基于内蒙古布敦花扶贫互助社的改造研究［J］．银行家，2018，199（5）：114－116．

［21］张照新，谭智心，高强，等．农民合作社内部信用合作实践探索与发展思路［J］．中国合作经济评论，2018（1）．

［22］谭智心．贫可贷，富可贷，不讲信誉不可贷——基于安徽省

金寨县新型农村合作金融组织资金互助的调查［J］.农村工作通讯，2017（21）：46－48.

［23］谭智心，贺潇.安庆经验：农民合作社开展信用合作的制度建设与风险防范［J］.中国农民合作社，2016（1）：41－44.

［24］何广文，何婧.乡村产业振兴中的金融需求［J］.中国金融，2019（10）：33－34.

［25］何婧，李庆海.数字金融使用与农户创业行为［J］.中国农村经济，2019，409（1）：114－128.

［26］崔晓蕾，何婧.江苏地方政府性债务的风险防控［J］.南通大学学报：社会科学版，2018（2）：9－14.

［27］李庆海，吕小锋，李成友，等.社会资本对农户信贷违约影响的机制分析［J］.农业技术经济，2018（2）：104－118.

［28］何广文，何婧，郭沛.再议农户信贷需求及其信贷可得性［J］.农业经济问题，2018（2）.

［29］何婧，何广文.政府持股、融资能力与小额贷款公司社会绩效［J］.南京农业大学学报：社会科学版，2017（1）：91－99.

［30］何婧，刘甜，何广文.董事会结构对小额贷款公司目标选择的影响研究［J］.农村经济，2015（10）：62－65.

［31］何广文，何婧.农商行电商平台发展［J］.中国金融，2015（20）：66－68.

［32］王璐清，何婧，赵汉青.资本市场错误定价如何影响公司并购［J］.南方经济，2015（3）：24－37.

［33］崔晓蕾，何婧，徐龙炳.投资者情绪对企业资源配置效率的影响——基于过度投资的视角［J］.上海财经大学学报，2014（3）：86－94.

［34］何婧，徐龙炳.政治关联对境外上市企业投资效率的影响［J］.经济管理，2012（8）：11－19.

［35］何婧，徐龙炳.产业资本向金融资本渗透的路径和影响——

基于资本市场"举牌"的研究 [J]. 财经研究, 2012 (2): 81-90.

[36] 杜世风, 石恒贵, 张依群. 中国上市公司精准扶贫行为的影响因素研究——基于社会责任的视角 [J]. 财政研究, 2019 (2): 104-115.

[37] 方蕊, 安毅, 刘文超. "保险+期货" 试点可以提高农户种粮积极性吗?——基于农户参与意愿中介效应与政府补贴满意度调节效应的分析 [J]. 中国农村经济, 2019 (6): 113-126.

[38] 郭金龙, 薛敏. "保险+期货" 提升农险保障能力 [J]. 中国金融, 2019 (10): 52-54.

[39] 胡恒松, 徐丹, 孙久文. 金融创新助推扶贫与区域经济发展 [J]. 宏观经济管理, 2018 (1): 55-60.

[40] 华桂宏, 费凯怡, 成春林. 金融结构优化论——基于普惠金融视角 [J]. 经济体制改革, 2016 (1): 144-149.

[41] 韩小玉, 陈旭刚. 对 "保险+期货" 模式助力精准扶贫、推动金融服务 "三农" 的思考——以天水市秦安县为例 [J]. 甘肃金融, 2019 (7).

[42] 李鑫. 融资约束、资本市场高质量发展和扶贫攻坚 [J]. 吉林金融研究, 2019 (10): 11-18.

[43] 林毅夫, 孙希芳, 姜烨. 经济发展中的最优金融结构理论初探 [J]. 经济研究, 2009, 44 (8): 4-17.

[44] 刘明月, 陈菲菲, 汪三贵, 等. 产业扶贫基金的运行机制与效果 [J]. 中国软科学, 2019 (7): 25-34.

[45] 龙文军, 李至臻. 农产品 "保险+期货" 试点的成效、问题和建议 [J]. 农村金融研究, 2019 (4): 19-24.

[46] 马雪娇. 资本市场精准扶贫的制度安排、问题及对策 [J]. 中国发展观察, 2018 (10): 38-39, 34.

[47] 梅成超. 上市 "免安检" 还是减贫 "杀手铜"?——资本市场扶贫政策评价 [J]. 中国市场, 2018 (7): 62-63.

［48］穆争社，汪小亚．完善地方金融管理体制的总体框架和政策思路［J］．"三农"决策要参，2013（54）．

［49］孙建波．资本市场扶贫不是昏招　证监会所说"即报即审"并非"即报即过"；IPO 标准也未降低［J］．中国经济周刊，2016（39）：63－64．

［50］温然，王重润．金融扶贫风险链式防范机制设计研究［J］．农村金融研究，2019（5）：57－60．

［51］夏丹，杜国良．资本市场助力国家脱贫攻坚战略——基于十堰市郧阳区资本市场扶贫的实地调研［J］．中国市场，2017（28）：35－36，39．

［52］夏诗园．我国产业投资基金的特征、问题与对策［J］．经济纵横（1）．

［53］杨阳，胡泠越，高苗苗．资本市场助力精准扶贫案例剖析——以"云南巴拉格宗入园凭证资产支持专项计划"为例［J］．中国市场，2017（32）：30－31．

［54］杨俊，王佳．金融结构与收入不平等：渠道和证据——基于中国省际非平稳异质面板数据的研究［J］．金融研究，2012（1）：116－128．

［55］应力．浅析资本市场扶贫政策对国家脱贫攻坚战略的积极作用［J］．宁波经济（三江论坛），2017（9）：33－35．

［56］Bayar, Y., 2017. Financial Development and Poverty Reduction in Emerging Market Economies, Panoeconomicus, 64（5）：593－606.

［57］Charlton, A., J. Stiglitz, 2004. Capital Market Liberalization and Poverty, Initiative for Policy Dialogue Working Papers.

［58］Honohan, P., 2004. Financial Development, Growth and Poverty：How Close are the Links?, in Goodhart, C. (Ed.), Financial Development and Economic Growth：Explaining the Links, Palgrave Macmillan, London, pp. 1－37.

〔59〕Kappel, V., 2009, The Effects of Financial Development on Income Inequality and Poverty, Working Paper.

〔60〕Lazar, D., A. Priya, A. Jeyapaul, 2006. Capital Markets and Poverty Alleviation, Asia – Pacific Business Review, 2 (1): 27 – 37.

〔61〕Naceur, S., R. Zhang, 2016. Financial Development, Inequality and Poverty: Some International Evidence, IMF Working Paper 16/32.

〔62〕Rashid, A., M. Intartaglia, 2017. Financial Development—Does It Lessen Poverty?, Journal of Economic Studies, 44 (1): 69 – 86.